Patricia Schmidt-Fischbach / Ralph Bergel

111 Geschäfte in Berlin, die man erlebt haben muss

emons:

Für Moni, die mich stets ermuntert und stärkt. (Patricia Schmidt-Fischbach)

Für Käthe. (Ralph Bergel)

Bibliografische Information der Deutschen Nationalbibliothek
Die Deutsche Nationalbibliothek verzeichnet diese Publikation
in der Deutschen Nationalbibliografie; detaillierte bibliografische
Daten sind im Internet über http://dnb.d-nb.de abrufbar.

© Emons Verlag GmbH
Alle Rechte vorbehalten
Gestaltung: TIZIAN Books, nach einem Konzept
von Lübbeke | Naumann | Thoben
Lektorat: Monika E. Schurr
Satz und digitale Bearbeitung: Gerd Wiechcinski
Redaktion: Constanze Keutler
Kartografie: Ursula Baaser, nach einer Vorlage von Regine Spohner
Kartenbasisinformationen aus OpenStreetMap,
© OpenStreetMap-Mitwirkende, ODbL
Druck und Bindung: Firmengruppe APPL – aprinta druck, Wemding
Printed in Germany 2014
ISBN 978-3-95451-334-5
Originalausgabe

Unser Newsletter informiert Sie
regelmäßig über Neues von emons:
Kostenlos bestellen unter
www.emons-verlag.de

Vorwort

111 Geschäfte in Berlin, die man erlebt haben muss. Warum? Was Berlin als Einkaufsstadt attraktiv macht, lässt sich beim Sich-treiben-Lassen kaum entdecken. Weil es mehrere Zentren gibt und weil die schiere Größe das Erlaufen unmöglich macht. Weil aus vielfältigen Mentalitäten und historischen Brüchen bunte und berlinspezifische Sortimente entstanden sind. Weil der biografisch gewachsene, der kauzige oder trendsetzende Laden in der Nebenstraße zu Hause ist.

111 Anregungen für einen Kiez-Spaziergang, 111 Hinweise auf ein besonderes Sortiment, altes Handwerk oder eine charmante Ladenidee. Kurzum: ein nützliches Buch für wache LeserInnen, die Berlin (neu) für sich entdecken und dabei auch ein bisschen über den Tellerrand des jeweiligen Ladens hinausgucken wollen, die Sinn haben für den rauen Charme des Unfertigen und Freude an einer manchmal schrägen Formulierung und einem subjektiven Blickwinkel.

Beim Durchblättern wird mancher stutzen, weil die Berliner Hutkönigin fehlt oder der Vater aller Concept Stores in der Potsdamer Straße oder das Naturkaufhaus ... Wir haben uns an einem bürgerlichen Budget orientiert. Prätention gewöhnt man sich hier schnell ab, oder man riskiert den Spruch: barfuß inne Lackstiebeln, aba Jamaschen. Pop-up- oder gerade gehypte Läden wurden wegen unsicherer Dauerhaftigkeit aussortiert. Manche Inhaber verlangten organisatorisch aufwendige Terminabsprachen. Manch Personal verhielt sich bei der verdeckten Vor-Recherche uninspiriert. Andere wollten schlicht nicht. Der Verlag wie auch die Autoren versichern reinsten Gewissens, von Ladeninhabern weder Bezahlung noch Vergünstigung verlangt oder gar bekommen zu haben. Mithin finden Sie ausschließlich Läden, die wir Ihnen gerne ans Herz legen – und stellen am Ende mit Theodor Fontane fest: Vor Gott sind eigentlich alle Menschen Berliner.

Patricia Schmidt-Fischbach und Ralph Bergel

111 Geschäfte

1 —— Albrechts Pâtisserie
Millefeuille und Mandelstaub | 10

2 —— Anne Wolf
Die Frau in Weiß | 12

3 —— Anyonion
Nachtschwärmer mit Maschine | 14

4 —— Augenblick
Manufaktur für Brillen + Schmuck | 16

5 —— Ave Maria
Berlin braucht Heilige | 18

6 —— Avesu
Stöckeln für eine bessere Welt | 20

7 —— Belle Rebelle
Vornehm kommt Berlin zur Kundin | 22

8 —— Blumenfisch
Design made in Werkstätten | 24

9 —— Blutwurstmanufaktur
Tiegelwurst und tote Oma | 26

10 —— Bollhagen-Shop
HBs Pötte | 28

11 —— Bonanza Coffee Roasters
Bevor er blond wird | 30

12 —— Boupet
Auf den Hund gekommen | 32

13 —— C. Adolph
Baumkerzeneindreher | 34

14 —— Cavaísimo
Wo ist der Cava? | 36

15 —— Claudia Skoda
Avantgarde in Strick | 38

16 —— Corino for men
Der tanzt sich in die Modewelt | 40

17 —— Cucinotto
KOSTbares | 42

18 —— DC4
Diese Buxen stehen von selbst | 44

19 ____ Design 54
Das jüngste Kind der großen Antikfamilie | 46

20 ____ The Different Scent
Berliner Luft | 48

21 ____ Dr. Kochan Schnapskultur
Der Doktor der Schnapsologie | 50

22 ____ Edsor
Tie or Die | 52

23 ____ Café & Salon EigenARtich
Stehrumchen neben Standonium | 54

24 ____ Erfinderladen
Testlabor für den Schöpfergeist | 56

25 ____ Erich Hamann
Omis Beste | 58

26 ____ Farben Kacza
Farb-Familie | 60

27 ____ Filetstück
Ehrliche Fleischeslust | 62

28 ____ Flying Colors
Vom Winde verweht, dem Himmel entgegen | 64

29 ____ Freddy Leck sein Waschsalon
Das bisschen Wäsche… | 66

30 ____ Friedrichslust
Waldgötter | 68

31 ____ Fun Factory
Sex in the City? | 70

32 ____ Fußfetifisch
Kitzel durch kleine Fische | 72

33 ____ Galerie Spandow
Grundkörper der Kultur | 74

34 ____ Galerie Theis
Über-Irdisch | 76

35 ____ Gangart
Wie geht's? | 78

36 ____ Globetrotter Ausrüstung
Kippstabil in der Kältekammer | 80

37 ____ Handmade BERLIN
Nadelspiel-Lounge | 82

38 ____ Harb
Levantinische Lebensart | 84

39 —— Hase Weiss
Eine Nase für Kinder | 86

40 —— Herbathek
Kräuter-Kundige auf Mission | 88

41 —— Hering Berlin
Auf Hering serviert | 90

42 —— HERRLICH
Nicht nur das eine | 92

43 —— Holzapfel
Scharfe Sachen | 94

44 —— International Wardrobe
Die Welt trägt Pracht | 96

45 —— Kadó
Die Fachfrau für schwarzes Gold | 98

46 —— Keramikzauber
Bunzlauer Blau | 100

47 —— KlangWerkstatt Deutz
Spielende und Bespielte | 102

48 —— Königsberger Marzipan Wald
Kann Süßes Sünde sein? | 104

49 —— Korsett Engelke
Von hemmungslos bis zugeknöpft | 106

50 —— Kunsthof
Kiek'n un koof'n | 108

51 —— Leder Hobby
Lederstrumpf in Berlin | 110

52 —— Der Lokschuppen
Ein wahrer Lock-Schuppen | 112

53 —— Luiban Papeterie
Nice to have | 114

54 —— Lunettes Selection
Spekuliereisen goes Fashion | 116

55 —— Maria Rakel art wear
Gewebe mit Charakter | 118

56 —— Mashiah Arrive
Falten-Glück | 120

57 —— MDC Cosmetic
Berlin entdeckt Unterschiede | 122

58 —— Modulor
Quickie-Möbel bis Washiband | 124

59___ Morgenwelt
Verspielt in Berlin | 126

60___ Mustermöbel
Anziehmöbel | 128

61___ Nachtigäller natürlich
Menschen sind bunt | 130

62___ Neuköllner Stoff
Kreatives Ufer | 132

63___ Nix wie Wein
Erde und Menschen | 134

64___ Olbrish
Keuner geht mit der Zeit | 136

65___ Onkel Philipps Spielzeugwerkstatt
Bei Pittiplatsch und Schnatterinchen | 138

66___ Ostpaket Berlin
Stars im Ostpaket | 140

67___ Ostrad
Der Velosoph | 142

68___ Oukan
Japanische Avantgarde | 144

69___ Öz-Gida Supermarkt
Essen ist Heimat | 146

70___ Paint your style
Kreation auf Keramik | 148

71___ Paper & Tea
I drink tea, my dear | 150

72___ Paul Knopf
Knopfreich | 152

73___ petit cochon
Schweinchen und Spatzen | 154

74___ Pets Deli
Feinkost für Vierbeiner | 156

75___ Planet Wein
Bacchantische Vergnügungsstätte | 158

76___ Playstixx
Lust ohne Reue | 160

77___ Preussische Spirituosen Manufaktur
Die Alchimisten von Schroff & Stahl | 162

78___ Rianna in Berlin
Feuerwerk der Farben | 164

79___ Rita in Palma
Integrative Kragen | 166

80___ Roßschlächterei Bredel
Pferdestärken | 168

81___ Royal Fisch Deluxe
Der Fischmann un sin Fru | 170

82___ Saxonia Drogerie
Eine der Letzten ihrer Art | 172

83___ Schirm-Schirmer
Schirmherrin der Hauptstadt | 174

84___ Schropp
Finger-Reisen | 176

85___ Schwarzer Reiter
Spiel mit mir | 178

86___ Sebastian Haase Schmuckdesign
Das Große im Kleinen | 180

87___ Smyrna Kuruyemis
Kreuzberg knabbert | 182

88___ Soto
East of München | 184

89___ Sovrano
Zwischen Pepita, Panama und Pinstripe | 186

90___ Späti
Kiez-Seelsorge | 188

91___ Spitze
Pomade bis Pompadour | 190

92___ Stilwerk
Versailles, mon amour | 192

93___ Street Food Thursday
Meet & Eat in Kreuzberg | 194

94___ s.wert design
Nix Rundgelutschtes | 196

95___ Ta(u)sche
Tasche, wechsel dich | 198

96___ Tee Feinkost Tan
Abwarten und Tee trinken | 200

97___ Tembrink
Eine bestrickende Familie | 202

98___ Tim Giesecke
Berückende Rauchwaren | 204

99 —— TO.mTO
Perfekte Kurven | 206

100 —— Toscanini
Weder Kähne noch Hühnerbeene | 208

101 —— Trippen
Lieblingsschuhe | 210

102 —— Umasan
Berlin – ick vegane dir | 212

103 —— Vanille & Co
Cooles für den süßen Zahn | 214

104 —— Volksfaden
Pippilotta findet's tollkühn | 216

105 —— Voo Store
Schön abgerockt | 218

106 —— Water to wine
Couture aus Altkleidern | 220

107 —— Weichardt Brot
Berlins erster Biobäcker | 222

108 —— Whisky & Cigars
Macho-Treibstoff in Damenhänden | 224

109 —— Wild & schön
Eine Stadtgärtnerin | 226

110 —— Yva
Hut auf! | 228

111 —— Zauberkönig
Hokuspokus am Friedhof | 230

1 Albrechts Pâtisserie

Millefeuille und Mandelstaub

Omi ging zu gern konditern. Gemessenen Schrittes steuerte sie den Zuckerbäcker an, die Augen schwelgten beim Studium der Auslage. Dann ließ sie sich wohlig seufzend auf einen Biedermeier-Stuhl fallen und gönnte sich eine kleine Auszeit mit Schmandkaramelltorte. Konditern adelte den Tag.

Heute hat jede Straßenecke Berlins mindestens eine Bäckerei, wo man die Insulinpumpe mit Streuselschnecken zu 80 Cent anwerfen kann. Wer Besseres will – und mehr auszugeben bereit ist –, kommt an Albrechts Pâtisserie nicht vorbei. Konditormeisterin Stephanie Albrecht zaubert seit zehn Jahren kleine, feine, elegante Küchlein, die deutsche Tortentradition mit französischem Raffinement verbinden und liebevoll dekoriert sind. Egal, ob Himbeer-Charlotte, eine Joghurtmousse mit Himbeeren und von fluffigem Biskuit ummantelt, ob Millefeuille, eine Vanillecreme zwischen karamellisiertem Blätterteig, oder der Schokoladendom, eine Mousse aus Vollmilch- und Zartbitterschokolade mit Schokobiskuit und Ganache – keines dieser Wunderwerke ist zu süß. Im Sortiment sind auch frische Croissants und knusprige Baguettes, gluten- oder laktosefreie Küchlein und vegane Hochzeitstorten.

Vor ein paar Jahren wagte sich Stephanie Albrecht an die Macarons, das zarte gefüllte Eiweißgebäck. Was so leicht und simpel aussieht, brauchte einiges Experimentieren und einen neuen Umluftofen für die Weißenseer Backstube, um perfekt zu werden. Sie schlägt den Eischnee mit kochendem Zuckersirup steif und zieht dann die Mandelstaub-Puderzucker-Masse unter.

Die Verführungen für Augen und Gaumen sollen nichts enthalten, was nicht auch ihre Großmutter gekannt und verwendet hätte, so Albrechts Philosophie. Also ganze Himbeeren statt Aroma oder Paste. Der »Feinschmecker« kürte Albrechts Pâtisserie zu einem der besten Cafés in Deutschland. Dessen Pflaumen-Marzipan-Tarte hätte auch meiner Omi geschmeckt, selbst ohne Belegkirsche und Cremerosette.

Adresse a) Rykestraße 39, 10405 Berlin und b) Pappelallee 36, 10437 Berlin (beides Prenzlauer Berg), Tel. 030/44017273, www.albrechts-patisserie.de, post@albrechts-patisserie.de | **ÖPNV** a) U 2, Haltestelle Senefelderplatz; Tram M2, Haltestelle Marienburger Straße & b) S 1, 2, 8, 9, 41,42, 45,46, 85, Haltestelle Schönhauser Allee, Tram 12, Haltestelle Stargarder Straße | **Öffnungszeiten** Rykestraße: täglich 10–18 Uhr, Pappelallee: Mo–Fr 10–18 Uhr, Sa & So 11–19 Uhr | **Tipp** Die Kids, die dieser Pâtisserie genauso verfallen können wie Erwachsene, gehen gern ins MACHmit! Museum für Kinder (www.machmitmuseum.de) in der nahen Senefelderstraße 5 (Di–So 10–18 Uhr).

2 Anne Wolf

Die Frau in Weiß

»Ich hab nix anzuziehen«, jammert die Braut. In diesem Fall stimmt der Satz, also geht die Suche los. Nun wissen Mädels oft nur, was sie nicht wollen: Weiß steht mir nicht, bloß kein Tortenkleid, für einen großen Ausschnitt hab ich zu wenig Busen, Turtleneck geht gar nicht, mit meinem Speck kann ich mir nix Tailliertes leisten. Wie kann ich mit Babybauch sexy aussehen? Was passt in einen verwunschenen Garten? Welches Brautkleid ist stimmig für eine Braut, die auf Vintage abfährt?

Die unkonventionelle Brautmoden-Expertin Anne Wolf, eine Mittdreißigerin mit wuscheligen Haaren, roten Turnschuhen und grauem Hoody, hat einen guten Blick für Menschen. Sie berät freundschaftlich lässig, da gehört das Duzen dazu. Die gelernte Modedesignerin entwirft Hochzeits- und Abendkleider, die im Atelier auf Maß genäht werden. Verarbeitet wird fast ausschließlich Seide in Chiffon, Crêpe, Dupion, Duchesse, Georgette, Satin und Organza, auch bestickt und bedruckt. Ihre Handschrift ist feminin und elegant, dabei schlicht und modern. Schließlich soll sich die Braut beschwingt und leicht fühlen und gerade nicht kostümiert. Eine große Modell-Auswahl in diversen Größen erleichtert die Entscheidung für den richtigen Look.

Darunter sind wunderbar fließende Kleider im Stil der 1930er Jahre, die seidig glatt im Licht schimmern. Hier bezaubert eine schön gefältete Korsage, dort punktet ein Tüllrock frech. Hier ermöglicht ein tiefer Rückenausschnitt schöne Einblicke, dort läuft ein Kleid in einer changierenden Schleppe aus. Da die Seidenstoffe gut färbbar sind, kann Anne Wolf jeden Farbton ermöglichen und arbeitet ein Brautkleid auf Wunsch nach dem großen Tag auch in ein Abendkleid um. Ihre textile Phantasie lebt sie außerdem in eleganten Mänteln, zarten Stoffblüten und berückendem Kopfputz aus.

Am Ende der sehr persönlichen Beratung findet sich immer ein Kleid, zu dem die Braut »ja« sagt – oft anders als gedacht.

Adresse Lychener Straße 16, 10437 Berlin (Prenzlauer Berg), Tel. 030/44017737, www.annewolf.de, mail@annewolf.de | **ÖPNV** U 2, Tram 12, M 1, M 10, Haltestelle Eberswalder Straße | **Öffnungszeiten** Di–Fr 10–18 Uhr, Sa 10–16 Uhr | **Tipp** Zum Abhängen in den nahen Friedhofspark Pappelallee. Auf dem ehemaligen Friedhof der Freireligiösen Gemeinde chillen Erwachsene, und die Kids toben auf dem Spielplatz. Die Trauerhalle beherbergt das Ballhaus Ost, eine umtriebige Theaterbühne.

3___Anyonion
Nachtschwärmer mit Maschine

»Der Hersteller der Strickmaschine war überrascht, als er eine einzelne Maschine innerhalb Deutschlands ausliefern durfte«, erzählt die Designerin Gaby Prellwitz über die Anfänge,»wo er sonst in Asien 1000 auf einen Schlag absetzt.« In Bewegung produziert die Maschine eine dynamische Last von fünf Tonnen je Fuß: Der Keller unter der Hinterzimmerwerkstatt musste durchbohrt werden, um das Monstrum via Stahlträger auf Betonfundamente zu lagern. Heute strickt sie in zwei Stunden aus feinster Merinowolle die Teile für einen Pulli.

Vorne im Ladenraum liegen ihre Wollsachen aus, die sie seit 2009 unter dem Label Anyonion herstellt und verkauft. Wer Kleidung aus fernöstlichen Sweatshops vermeiden möchte, erfährt hier auch mehr über das südamerikanische Garn der Sachen, das in Italien veredelt wird. In mehr als 60 Farben fertigen Gaby und eine Mitarbeiterin Pullover, Jacken, Röcke, Kleider und Schals in kleinen Serien, uni oder mit Muster, auch in der Wunschkombination des Kunden.

Los ging es mit Pulswärmern, die Gaby auf einer Handstrickmaschine produziert und auf Flohmärkten verkauft hat. Die Nachfrage nährte ihre Idee, darauf eine Existenz aufzubauen. Sie gestaltet Blumenmuster und die dreieckige Stola mit Schmetterlingsmotiv, Gabys »Nachtschwärmer«. Heute sind auch Tupfen, Streifen- und Blockmuster, Hahnentritt und Karos im Programm. Herrenmode soll bald folgen.

Dabei übernimmt Gaby viele Rollen: Sie entwickelt Design und Schnittmuster, programmiert die Maschine, die sie auch eigenhändig repariert, sie näht zusammen, dekoriert und verkauft – im Ladenraum, auf Künstlermärkten und online. In Sachen Technik ist sie übrigens vom Fach: Die studierte Ökonomin und Programmiererin war viele Jahre für Anlagenbauer tätig. Ihre Mode ist maschinenwaschbar, langlebig und zeitlos. »Welche Karrierefrau hat schon Zeit, durch die Läden zu rennen?«, fasst Gaby das Konzept der Hinterzimmerfabrik zusammen.

Adresse Bürknerstraße 10, 12047 Berlin (Neukölln), Tel. 0151/56103106 (während der Öffnungszeiten), www.anyonion.de, HP2013@anyonion.de | ÖPNV U 8, Haltestelle Schönleinstraße | Öffnungszeiten Di, Fr 12.30–18.30 Uhr, Mi, Do, Sa 14–17 Uhr | Tipp Gleich nebenan macht »Kollateralschaden« Klamotten für Leute, die sich gerne bewegen, geistig wie körperlich.

4 Augenblick

Manufaktur für Brillen + Schmuck

Der gerade Draht, der oben durch zwei Hornringe geführt ist, schwenkt am Kopfrand ohne Scharnier Richtung Ohren um. Durch dieses minimalistische Nasenfahrrad mustern einen zwei hellwache, verschmitzte Augen. Ein Mensch, der eine so konsequent gestaltete Brille trägt, gibt ein Statement ab. Peter Klenk macht seit knapp 30 Jahren Brillen.

Die erste Brillenfassung seiner Manufaktur Augenblick war aus Büffelhorn, mit der Zeit kamen Holz, Bambus und ein geschichteter Werkstoff hinzu, dem Seide eine gewisse Farbigkeit verleiht. Seit das Elfenbein eiszeitlicher Mammuts aus dem sibirischen Permafrost vermarktet wird, hat Klenk neues Material. Die Hornplatten sind etwa 16 mal 6 Zentimeter groß, keine gleicht der anderen, eine ist schöner als die andere: lebhaft oder nur ganz zart gemasert, blaugrün gischtig oder grautonig schimmernd. Derzeit gehört sein Herz der Modellreihe »krumm und schief«, das sind Brillen mit unebenem Rand und asymmetrischer Formgebung, die er auch gerne mit Edelmetall kombiniert. Am Probemodell in Holz kann der Kunde überprüfen, ob ihm Form, Proportion und Halterung gefallen. Der Augenoptikermeister liefert am Ende natürlich auch die richtigen Korrektur-Gläser zur Fassung.

In seinen Schubladen sammelt Klenk Sonnen- und andere Brillenschätzchen aus vergangenen Jahrzehnten, die er auch nachbaut, wenn der Filmausstatter zweimal das gleiche Modell aus den 1930er Jahren verlangt. Für jemanden, der so hingebungsvoll sägt, feilt, lötet und ritzt, ist der Schritt zur Schmuckgestaltung nicht weit. Ringe, Colliers, Armreifen aus Silber und Gold mit Pinselhaar oder (Edel-)Stein zeigen das eindrucksvoll. Gewachsenes Naturmaterial und kaltes Metall gehen reizvolle Verbindungen ein. Auf einer Brillenfassung rennen Jäger in der Taiga kleinen Mammuts hinterher. Kurzum: Das sind Brillen für Individualisten. Peter Klenk sucht noch selbstbewusste Gleichgesinnte.

Adresse Knesebeckstraße 17, 10623 Berlin (Charlottenburg), Tel. 030/3133366, www.brillenundschmuck.de | **ÖPNV** S 5, 7, 45, 46, 75, Bus M 49, X 34, Haltestelle Savignyplatz | **Öffnungszeiten** Di–Fr 11–13 und 14–18 Uhr, Sa 10–13 Uhr und nach Vereinbarung | **Tipp** Die passende individuelle Kopfbedeckung führt Chapeaux, Bleibtreustraße 51 (www.chapeaux-hutmode-berlin.de).

5　Ave Maria

Berlin braucht Heilige

Rachele Cutulo sieht den anderen, seine Not, notfalls auch ohne Worte. Die stämmige Neapolitanerin ist die temperamentvoll mitfühlende Seele des Ave Maria. 1996 gründeten eine arbeitslose Lehrerin und ein Filmregisseur das Geschäft, weil sie nicht allein auf ein Wunder oder das Arbeitsamt setzen wollten. Sie schraubten die Regale aus Paletten einer benachbarten Druckerei zusammen und ließen an die Decke einen Himmel mit Schäfchenwolken malen.

Ein Devotionalienhandel in Berlin ist ein kühnes Unterfangen. Hatte doch schon Adenauer bemerkt, bei Braunschweig beginne für ihn die asiatische Steppe, in Magdeburg ziehe er die Vorhänge im Zugabteil zu, und in Berlin fühle er sich wie unter Heiden. Heute gehört hier nur ein Drittel der Einwohner einer christlichen Konfession an, und noch nicht einmal zehn Prozent sind katholisch. Das Ave Maria hatte Kunden darüber aufzuklären, dass für Devote nix im Angebot ist.

Im Fenster steht Lazarus, er geht auf Krücken, und die Beine sind angeschrammt. Rachele weiß, was wem helfen könnte. Notfalls guckt sie im Heiligen-Lexikon nach. Für die einen hat sie Rosenkränze aus Cloisonné, Glas, Perlen und afrikanischen Samen vorrätig. Ohne Gottvertrauen vermögen aber auch Kruzifixe, Heilwasser aus Fatima, handgezogene Altar-, Oster- und Taufkerzen, gregorianische Gesänge und erbauliche Literatur, Ikonen aus Osteuropa, zig duftende Baumharze und Weihrauchfässchen nichts auszurichten. Wer den Beistand der Muttergottes vor der Madonna erbitten möchte, findet sie hier in jeder Größe, leuchtend, glitzernd und sogar in Schwarz.

Was jeden Kaufmann ruinieren würde, hat bei ihr oberste Priorität: »In erster Linie steht der Glaube und nicht der Verkauf. Und ich maße mir nicht an zu richten«, sagt sie und verkauft dem Tätowierer ein Heiligenbild für sein Tattoo. Oft leiht sie auch nur ein offenes Ohr. Reich wird sie davon nicht. Respekt erwartet sie. Den kriegt sie.

Adresse Potsdamer Straße 75, 10785 Berlin (Schöneberg), Tel. 030/2652284, www.avemaria.de, post@avemaria.de | **ÖPNV** U 1, Bus 106, M 48, M 85, Haltestelle Kurfürstenstraße, Bus M 29, M 48, M 85, Haltestelle Lützowstraße/Potsdamer Straße | **Öffnungszeiten** Mo–Fr 12–18 Uhr, Sa 12–15 Uhr | **Tipp** Anständig Hunger und Durst stillen lässt sich gleich nebenan in der stimmungsvollen Joseph-Roth-Diele.

6__Avesu

Stöckeln für eine bessere Welt

Sieht aus wie ein ganz normaler Schuhladen, der Fußbekleidung für Männer und Frauen, Kinder und Sportler darbietet. Für die Fashion Week habe man das Berliner Label Umasan mit Schuhwerk ausgestattet, verkündet Miteigentümer Dirk Zimmermann stolz. Also modisch sind sie dort auf Zack. Egal, ob Chelsea-Boots, Zwiegenähte im Budapester Style mit dem charakteristischen Lochmuster, halsbrecherische Peeptoes mit Plateausohle, schmale Stiefeletten, die rückwärtig durch goldfarbenen Reißverschluss geschlossen werden, Sandaletten, deren gekreuzte Riemchen schmale Fesseln betonen, Pumps mit variabler Satinschleife, Keilabsätze im Retro-Stil. Leichte Barfuß- und witzige Zehenschuhe für den Geländelauf und in einer anderen Version für Stadtindianer gibt's natürlich auch. Bei den Kinderschuhen legen sie gerade noch nach, höre ich. Unter den Laufschuhen fallen die altmodisch anmutenden, aber sorgfältig verarbeiteten Modelle der deutschen Manufaktur Lunge ins Auge. Deren geschnittene Mittelsohle hat einen sehr hohen Anteil an Ethylen-Vinylacetat, was auch langfristig hohe Federung und Elastizität sichern soll.

Okay – und wo ist der Clou? fragen Sie sich? All diese schönen Schuhe sind vegan, also frei von Tierprodukten, umwelt- und menschenfreundlich hergestellt. Atmungsaktive Mikrofasern, feste Schaumstoffe, Leinen, Hanf, Kork, Gummi, Kautschuk ersetzen das Leder. Die europäischen Produzenten überwiegen, und bei außereuropäischen Herstellern sichern Zertifikate faire Arbeitsbedingungen und die Einhaltung ökologischer Standards.

An der Kasse liegen elegante Portjuchhes aus gewobenem, rostfreiem Stahl und Ballistic Nylon. Très chic. Laut Hersteller soll deren »RFID Blocking« persönliche Daten auf den Chips von Kreditkarten vor unerlaubtem Zugriff aus der Distanz schützen. Gegen die Zudringlichkeit der Herzdame auf die Geldbörse ihres Begleiters hilft indes nur ein stählern Herz. Pssst!

Adresse a) Schivelbeiner Straße 35, 10439 Berlin (Prenzlauer Berg), Tel. 030/47080857, b) Warschauer Straße 33, 10243 Berlin (Friedrichshain), www.avesu.de, avesu@avesu.de | **ÖPNV** a) S 1, 2, 8, 9, 41, 42, 45, 46, 85, Haltestelle Schönhauser Allee, Tram 50, M 30, Haltestelle Schönfließer Straße & b) S 5, 7,75, U 1, Tram M 10, Haltestelle Warschauer Straße, Tram M 10, 13, Bus 347, Haltestelle Revaler Straße | **Öffnungszeiten** Mo–Fr 11–20 Uhr, Sa 11–18 Uhr | **Tipp** Vegane Handtaschen, Klamotten und Lebensmittel gibt's im gleichen Block, nur ein paar Schritte weiter.

7_Belle Rebelle

Vornehm kommt Berlin zur Kundin

Auch wenn die Wiege der deutschen Riechstoffindustrie im nahen Leipzig steht: Berlin ist kein Ort berühmter Düfte wie Paris, Grasse, Mailand, London oder New York. Dabei hatte der Klavierbauer Joachim Friedrich Schwarzlose schon 1856 eine Drogeriehandlung in der Markgrafenstraße gegründet und war zum kaiserlich-königlichen Hoflieferanten avanciert. Seine Nachfolger brachten um die Jahrhundertwende den Damenduft 1A-33 heraus. Der Name nahm das Automobilkennzeichen für Berlin auf, und der Glasflakon in Form eines Kühlergrills verwies auf die mondäne Lebenskultur der freigeistigen deutschen Hauptstadt. Nach einer großen Blütezeit in den 1920er Jahren überstand die Marke J. F. Schwarzlose noch den Zweiten Weltkrieg und die Nachkriegsjahre, wurde 1976 aber eingestellt.

2012 revitalisierten Lutz Herrmann, Designer für Parfümflakons, Parfümeurin Véronique Nyberg und Kommunikationswirt Tamas Tagscherer die Ur-Berliner Marke J. F. Schwarzlose Söhne. Die alten Düfte 1A-33, Treffpunkt 8 Uhr und Trance wurden behutsam modernisiert und neue Düfte entwickelt. Die markanten Glasflakons haben schwere Böden, die – in Anlehnung an die historischen Vorbilder – das eingestanzte Signet tragen. Sie sind mit handgefertigten, gedrehten Messingkappen verschlossen.

Dieser und viele andere aufregende Parfümeure lassen sich in einem exquisiten Laden in der Bleibtreustraße entdecken. Dort hat Corinna Mosler-Jakobsohn, die seit 30 Jahren in Schönheit macht und erfolgreich Nischenmarken zu Kultlabels aufgebaut hat, nun ihren eigenen Laden eröffnet. Stararchitekt Davide Rizzo hat aus knappen 60 Quadratmetern durch minimalistische Gestaltung und hochglänzende schwarze Lackoberflächen die passende elegante Grandezza geschaffen. Zum Sortiment gehören auch Accessoires, Homespa-Produkte, Pflege- und Make-up-Linien. »Das Wesentliche ist eben nicht immer unsichtbar«, umreißt die schöne Rebellin ihre Vision.

Adresse Bleibtreustraße 42, 10623 Berlin (Charlottenburg), Tel. 030/679672050, www.bellerebelle.de, info@bellerebelle.de | **ÖPNV** S 5,7, 45, 46, 75, Haltestelle Savigny-platz, Bus 109, 110, M 19, M 29, Haltestelle Bleibtreustraße | **Öffnungszeiten** Mo–Fr 10–19, Sa 10–16 Uhr | **Tipp** Ein sehr eigener (Konzert-)Ort mit Patina ist der Piano Salon Christophori in den Weddinger Uferhallen (Uferstraße 8–11, 13357 Berlin). In der Werkstatt werden tagsüber historische Flügel restauriert (www.konzertfluegel.com).

8__ Blumenfisch

Design made in Werkstätten

Wenn die Frösche Blüten tragen, ist ein Hai im Karo-Look nicht weit. Der heißt Harald und zeigt Zähne, was aber eher lustig denn beängstigend aussieht. Prinz, der Frosch, funkelt den Kunden aus lustigen Knopfaugen an. Die drei Objekte aus kaschiertem Hartschaum gehören zu den quietschbunten Tierfiguren, die bei den VIA Werkstätten handgefertigt werden. Im Blumenfisch findet man sie neben vielen anderen schönen Geschenken, Möbeln und Accessoires aus Werkstätten auch anderer Träger. Keine Bürsten, keine Scheuerlappen.

Die VIA Werkstätten in Prenzlauer Berg, Weißensee, Kreuzberg, Schöneberg und Wannsee schaffen seit 2004 für ein paar hundert Menschen mit psychischem oder körperlichem Handicap einen auf ihre Möglichkeiten zugeschnittenen Arbeitsplatz. Ziel ist: Teilhabe am Arbeitsleben, Ausloten von Kompetenzen und Anerkennung für Geleistetes, berufliche Bildung oder Rehabilitation, maßgeschneiderte Betreuung und Beschäftigung. Die Arbeitsfelder sind vielfältig: Siebdruck, Floristik, Keramik, Schneiderei, Theaterplastik, Metall und Holz. Unter fachlicher Anleitung entstehen dort Produkte, die von Designern entworfen, zum Teil auch aus Ideen der Teilnehmer gewonnen wurden.

In den Blumenfisch locken aber nicht nur verzauberte Prinzen, sondern auch formschöne Keramik und Skizzenbücher mit Berliner Motiven, fröhliche Taschen aus Plane, minimalistische Lampen, ein papiersparendes Objekt für häusliche Liebesbotschaften, Frühstücksbrettchen mit Magnethalterung für den Eierlöffel, ein Kindergeschirr mit Ufofisch und natürlich: »Berlin im Beutel« von Lorenz Huber. Das 15-teilige Set aus Buchenholz zeigt die Großstadt im Kleinformat. Zum Mitnehmen, Aufstellen und Immer-wieder-Erleben. Passend zum Flughafendesaster gibt's auch das Set »Baustelle« mit 52 Teilen zum Selberzusammenstecken und -kleben. Selbst ans rot-weiß gestreifte Absperrband wurde gedacht. Berlin – nie fertig, immer im Werden.

Adresse Schönhauser Allee 175, 10119 Berlin (Prenzlauer Berg), Tel. 030/44354734, www.via-werkstaetten.de/blumenfisch-ladengeschaeft.0.html, info@via-berlin.de | **ÖPNV** U 2, Haltestelle Senefelderplatz | **Öffnungszeiten** Mo–Fr 11–20 Uhr, Sa 11–18 Uhr | **Tipp** In der wiederaufgebauten Schankhalle des Pfefferbräu auf dem Pfefferberg (Schönhauser Allee 176, 10119 Berlin) werden frisch gezapftes Hausbier und bodenständiges Essen serviert, auch ein VIA-Projekt (Di–Sa ab 17.30 Uhr).

9_ Blutwurstmanufaktur

Tiegelwurst und tote Oma

Der Ritter von Rixdorf hat Blut an den Händen. Was wie ein Schauermärchen klingt, ist eine moderne Success Story. Blut ist ein Teil vom Schlachtvieh, der in deutschen Küchen längst nicht den besten Ruf genießt.

1991 trat allerdings ein Lehrbub mit thüringisch geprägten Fleischergenen in den schon 85 Jahre bestehenden Betrieb in Rixdorf ein, dem alten Ortskern von Neukölln. Sein Talent für die Wursterei war so offensichtlich, dass Marcus Benser schon als Geselle mehr Verantwortung erhielt, seit 1997 ist er der Chef. Blutwurst ist sein Ding. 2004 wurde er zum Ritter der französischen Confrérie des Chevaliers du Goûte Boudin geschlagen, was so viel heißt wie »Bruderschaft zur Förderung des Ansehens der Blutwurst«. Diese Auszeichnung erhielt er für die beste Blutwurst Europas, den Klassiker, die schwarze Blutwurst ohne Speckstückchen. Benser erzählt gern, dass die Hugenotten das französische Originalrezept aus dem Rheinland mit nach Berlin gebracht hätten. Die Zeitschrift »essen & trinken« kürte ihn zum Retter der Blutwurst. Versuche, die Wurstware zu modernisieren, etwa durch die Erfindung von Bananen- oder Olivenblutwurst, waren nicht wirklich von Erfolg gekrönt, denn die Berliner lieben es traditionell, geradlinig und pur. Seine ungebrühte grobe Bratwurst für den Grill lobten die Testesser des »Tagesspiegel« vor ein paar Jahren als die beste der Stadt.

Wo früher der alte Stall war, sind heute verwinkelte Arbeitsräume. Die meisten der etwa 70 Wurst- und Fleischsorten im Angebot werden hier hergestellt, nur Regionalprodukte wie Parmaschinken werden zugekauft. Eine Modernisierung der Ladenräume von 1968 lehnt die Kundschaft ab.

Ein Schuss: Peng! Ein Beil: Zack! Was für das Schwein der Supergau ist, wird für den Menschen zum Glücksfall, wenn ein gewisser Marcus Benser sich die Ärmel hochkrempelt und zu seinen Trögen eilt. Eine Blutwurst besteht zu 40 Prozent aus Blut. Hätten Sie's gewusst?

Adresse Karl-Marx-Platz 9-11, 12043 Berlin (Neukölln), Tel. 030/6872004, www.blutwurstmanufaktur.de, meister@blutwurstmanufaktur.de | **ÖPNV** U 7, Haltestelle Karl-Marx-Straße | **Öffnungszeiten** Mo–Fr 8–18 Uhr, Sa 8–13 Uhr | **Tipp** Sehenswert sind die Reste des Böhmischen Dorfes, wo sich protestantische Flüchtlinge aus Böhmen (Herrnhuter) ab 1737 angesiedelt hatten. Im ehemaligen Schulhaus in der Kirchgasse 5 wahrt ein hübsches kleines Museum die Tradition.

10___Bollhagen-Shop

HBs Pötte

HB – nein, es geht nicht ums HB-Männchen aus der Zigaretten-
werbung der 1960er Jahre, sondern um die Keramikerin Hedwig
Bollhagen. Ihre Unikate und Serien zeichnete sie mit HB. Und mit
HB meldete sich die 1907 in Hannover Geborene auch am Telefon,
schnörkellos. 1934 erwarb sie die früheren Haël-Werkstätten und
gründete die HB-Werkstätten in Marwitz, zehn Kilometer nord-
westlich von Berlin. Sie entwarf und fertigte in Serie Gebrauchs-
geschirr, das bezahlbar war und ästhetischen Ansprüchen genügte.
Auf der Weltausstellung 1937 in Paris errang die 30-Jährige eine
Goldmedaille für eine Fayence-Vase im rot-blauen Dekor. Viele
Auszeichnungen folgten.

Ein Mocca-Service in Schwarz erregte auf der Kunstausstellung
in Dresden allerdings den Unmut Walter Ulbrichts, der es hässlich
nannte. Was den Absatz eher beförderte als behinderte. HB-Keramik blieb in der DDR begehrte Bückware. Ein großer Theatermann
unserer Tage, Robert Wilson, bekannte im »Tagesspiegel«: »Ich be-
suchte sie in Marwitz, kurz nach ihrem Geburtstag, und brachte
Rosen mit. Sie schaute etwas ungläubig und fragte mich, ob ich ihr
einen Antrag machen wolle. Ich war platt und sagte spontan: ›Ja.‹«
Aus der Sache wurde trotzdem nix.

Der Betrieb wird auch nach ihrem Tod 2001 weitergeführt, die
Produkte veränderten sich in all den Jahren nicht wesentlich. Viel
Blau und Schwarz, Streifen im Wechsel von Hell zu Dunkel, die den
Pinselstrich erkennen lassen, getupfte Punkte und gemalte Karos.
Auch das Kindergeschirr hat nichts von seinem Charme eingebüßt.
HB-Keramik gibt's nur hier im Shop in so großer Auswahl und zu
Manufakturpreisen. Im Fenster lockt ein gelbes Teegeschirr von 1929,
aus den Anfängen. »Kunst? Ach Gott, manche nennen es so, ich ma-
che Teller, Tassen und Kannen«, hatte HB stets betont, die Haare
straff zurückgekämmt und sich die blau-weiß gewürfelte Schürze an-
getan. Mit HB-Männchen-Ausbrüchen wäre sie keine 94 geworden.

Adresse Wilmersdorfer Straße 9, 10585 Berlin (Charlottenburg), Tel. 030/3212322 | **ÖPNV** U 7, Bus M 45, Haltestelle Richard-Wagner-Platz | **Öffnungszeiten** Mo – Fr 9 – 19 Uhr, Sa 9 – 16 Uhr | **Tipp** In Velten, beim Ofen- und Keramikmuseum (Wilhelmstraße 32, 16727 Velten, www.ofenmuseum-velten.de), ist 2013 der Grundstein für ein Bollhagen-Museum gelegt worden, das 2015 eröffnet werden soll.

11__Bonanza Coffee Roasters

Bevor er blond wird

Yumi Choi ist die Kaffeekönigin Berlins. Ihr Reich heißt Bonanza Coffee Roasters und liegt nicht im Westen der USA, sondern in der westlichen Oderberger. Ihre Residenz ist ein unscheinbares Lokal mit roh verputzten Wänden und abgetretenen Holzdielen. Eine Synesso-Cyncra und eine Probat-Röstmaschine aus den 1930er Jahren sind die Insignien ihrer Herrschaft.

Eine Königin verlangt die Hingabe und Leidenschaft ihrer Untertanen und schenkt sie auch. Der Winzer arbeitet mit Traube, Terroir und Kelterung, um einen Wein zu seiner Größe zu führen. Die gebürtige Koreanerin und gelernte Künstlerin und ihr Geschäftspartner Kiduk Reus experimentieren seit 2006 mit Kaffeebohnen, Herkunft (single origin), Röst- und Extraktionsverfahren. Sie kaufen den Importeuren nur ausgereifte und handgepflückte Kaffeekirschen ab und stimmen die Röstkurve auf die Sorte und das gewünschte Geschmacksprofil ab. Die Röstung dauert bei maximal 230 Grad 12 bis 15 Minuten, während die Industrie kurz und knackig röstet: 90 Sekunden bei 500 Grad. So kitzeln sie eine beerige oder schokoladige, eine Honig- oder Bergamotte-Note heraus.

Erst wenn der Mahlgrad aufs Extraktionsverfahren und dieses auf die Bohne abgestimmt sind, wird das Heißgetränk alle Sinne befriedigen. In ihrer Kaffeebar verhindert eine Kühlung, dass die Mahlscheiben der Mühle zu heiß werden. Der Druck, mit dem der Tamper den Kaffee in den Siebträger drückt, wird kontrolliert. Bei neun Bar läuft der rotbraune Extrakt aus 14 Gramm Kaffee pro Shot langsam und dick in die Tasse, pulsiert leicht, bevor er blond wird. Der Espresso ist eine aromatische Offenbarung. Die Latte-Art kommt ohne Stäbchen aus. Mancher Lagenkaffee wird auch Hario-gefiltert. Allerdings bedarf es mehr als eines Knopfdruckes für solchen Genuss.

Die Untertanen – Berliner Kaffee-Nerds – belohnen solche Sorgfalt durch Treue. Bonanza heißt nicht nur für sie: »Goldgrube« oder »Glücksfall«.

Adresse Oderberger Straße 35, 10435 Berlin (Prenzlauer Berg), Tel. 0171/5630795, www.bonanzacoffee.de, kontakt@bonanzacoffee.de | **ÖPNV** U 2, Haltestelle Eberswalder Straße, Tram M 10, Haltestelle Friedrich-Ludwig-Jahn-Sportpark | **Öffnungszeiten** Mo–Fr 8.30–19 Uhr, Sa 10–19 Uhr | **Tipp** Auswärtige wie einheimische Javaholics bleiben informiert durch die Berlin Coffee Society.

12__Boupet

Auf den Hund gekommen

Nur zufällig, beim Vorbeifahren, und weil es schon merklich eingedunkelt war, zog der hell leuchtende Schriftzug »Boupet« meine Aufmerksamkeit auf sich. Boupet wie Toupet? Was sollen die samtigen Sofas und plüschigen Chaiselonguen en miniature im Fenster? Rätselhaft.

Im elegant ausgestatteten Laden ist eine Wand komplett mit kleinformatigen Liege- und Sitzmöbeln bestückt. Ein Sofa, eines Zaren würdig, ist mit weinrotem Jacquardstoff bezogen und hat Seitenteile im Chesterfieldstil. Das Modell »Avenue Princess Grace« ist als Schlafgemach einer Prinzessin konzipiert. Durch eine runde Öffnung krabbelt die Ruhewillige in einen ringsum mit weichem Samtstoff ausgekleideten und üppig gepolsterten Rückzugsort. Die Öffnung wird von zwei Vorhängen eingerahmt, das Licht fällt nur gedämpft hinein, auf Wunsch kann auch völlig abgedunkelt werden. Der knuffige Sitzsessel ist mit rotem Webpelz gefüttert und zeigt außen Schlangenleder-Optik. Ziernieten und zierliche Metallfüßchen machen das Möbel anmutig. Was hier possierlich prunkt, sind Einzelstücke aus Handarbeit, genauso wie die Taschen und Halsbänder. Diese sind aus französischem Leder in Schlangenprägung, ornamental genietet und filzgefüttert, um allergischen Reaktionen vorzubeugen. Im Regal liegen Wintermäntel im Norwegerstrick, ein kariertes Wollkleid, ein grauer Kapuzenpullover mit Paillettenbär auf dem Rücken. Ein Teil putziger als das andere.

Durch einen hellen Flur gelangt man ins Duschbad, das gepflegter ist als in der gewöhnlichen Berliner Altbau-Wohnung. Hier wird gebadet und geföhnt, geschoren und gekämmt. Die Preisliste annonciert kreative Frisuren. Bei der Aromatherapie im Spa kann der Liebling ausspannen. One for the way gibt's hier in der Krümelversion als Dinkel-Knabberei mit Leber oder Forelle.

Boupet ist eine Boutique für Pets. Früher hätte man ein solches Etablissement »Hundesalon« genannt, aber für dieses Juwel ist das zu prosaisch.

Adresse Ruhlaer Straße 15 –16, 14199 Berlin (Wilmersdorf), Tel. 030/58584995, www.boupet.com, service@boupet.com | **ÖPNV** Bus 110, 115, 249, Haltestelle Elsterplatz | **Öffnungszeiten** Mo – Fr 10 –19 Uhr, Sa 10 –16 Uhr | **Tipp** Sportlich-modische, variabel zu öffnende Rucksäcke und Taschen für kleine Hunde führt Schloßhunde, Schustehrusstraße 45 (Charlottenburg).

13_ C. Adolph

Baumkerzeneindreher

Jedes Jahr die Plage mit dem Baum: Nie kommen seine Äste so im 90-Grad-Winkel aus dem Stamm, dass der Kerzenhalter wackel- und kippsicher montiert werden kann. Einen Handwerker wie Detlef Savary verdrießt so was, er sinnt auf Abhilfe. Als der gelernte Schlosser in den 1980er Jahren in den Eisenwarenladen seines Schwiegervaters einstieg, war C. Adolph bereits seit 1898 ein stadtbekanntes Geschäft. Der rote Schriftzug an der Hausfassade: voll die Fünfziger; neuer ist nur Savary als Inhaber des Geschäfts.

In seinem Laden erhält der Kunde genau das, was er braucht: eine einzelne Schraube oder Mutter, nicht zehn in Folie verschweißt. Zuvor hat er an der messingbeschlagenen und vom Leben eingedellten Theke wie dunnemals bei Tante Emma gewartet, bis die Reihe an ihm ist. Die Wände sind ringsum mehr als mannshoch mit Schubladen-Schränken versehen, auf denen man außen befestigt sieht, was drin ist. Man kann wortkarg auf den Porzellan-Muschel-Griff zeigen oder den schwenkbaren Garderobenhaken, kann ein Schrankscharnier hinhalten und kriegt einen Bolzen gereicht oder auch einen Messingsplint für die Drückergarnitur. Keine EDV-gestützte Lagerhaltung hilft den fünf Mitarbeitern dabei, sondern ein gutes Gedächtnis. Savarys Riesensammlung an Bartschlüsseln lockt schon mal die Preußische Schlösserverwaltung in den Laden. Nebenan befindet sich das Reich seiner Frau Veronika: die Haushaltswaren- und Gartenabteilung. Das Edel-Kaufhaus präsentiert seine Waren attraktiver und übersichtlicher, aber Emaillegeschirr, Kloßtuch oder Spinnwebenfeger sucht man dort vergeblich.

Detlev Savary hat auch für den Tannenbaum eine Lösung, den selbst entwickelten Baumkerzeneindreher. Gerade Metallstäbe in verschiedenen Längen tragen am Ende einen Kerzenhalter und werden in den Stamm gedreht. Ästhetische Bedenken wischt er beiseite: Das Gestänge kann man ja grün anmalen. So was kennt keine Suchmaschine. Einzigartig.

Adresse Savignyplatz 3, 10623 Berlin (Charlottenburg), Tel. 030/3138044, c.adolph-berlin@arcor.de | **ÖPNV** S 5, 7, 45, 46, 75, Bus M 49, X 34, Haltestelle Savigny-platz | **Öffnungszeiten** Mo–Fr 9–19 Uhr, Sa 9–14 Uhr | **Tipp** Nu aba ran an de Boulet-ten – die Altberliner Kneipe Dicke Wirtin, Carmerstraße 9 (www.dicke-wirtin.de), serviert Andechser Bier und Königsberger Klopse.

14_ Cavaísimo

Wo ist der Cava?

Im Pankower Florakiez führen Franziska und Dave Lichtenberg einen Laden, der sich auf Cava und andere höchst vergnügliche Produkte – Wein, Olivenöl, Schokolade – aus dem katalanischen Penedès spezialisiert hat. Otto Normalverbraucher hört Cava und denkt an schlichte Produkte. Doch ist die Welt der Cava genauso vielgestaltig wie die der anderen Schaumweine, die durch Flaschengärung hergestellt werden: Champagner, Crémant, Spumante Metodo Classico oder Winzersekt. Nur ist der Cava fast immer eine Cuvée aus den bei uns unbekannten Rebsorten Xarel-lo, Macabeo und Parellada. Aber auch Chardonnay sowie Garnatxa, Monastrell, Trepat und Pinot Noir wandern in manche Cuvée.

In diesem Laden lässt sich entdecken, wie fein Kellermeister mit Reifedauer, Restzucker und Trauben spielen, um einen Cava komplexer zu machen, die Perlage zu verfeinern oder das Aroma Richtung Frucht zu verschieben. Mindestens neun Monate muss ein Cava lagern, um dem Gesetz Genüge zu tun, aber Cavaísimo hat auch solche, die 30 Monate und länger auf der Hefe lagen. Bei insgesamt moderaten Preisen braucht ein körperreicher Gran Reserva den Vergleich mit einem Champagner nicht zu scheuen. Der »Brut nature« fast ohne Restzucker schmeckt keineswegs sauer, sondern leicht und spritzig. »Cava Maria Casanovas« keltert Pinot Noir weiß und erzielt so einen duftigen Ton. Der Rosado von »Castell Sant Antoni« entfaltet ein Himbeer-Feuerwerk, sein Gran Barrica bekommt einen Hauch von dunkler Mandel aus Chardonnay, der im Holzfass ausgebaut wurde. Der »Torre de L'Homenatge«, ein limitierter, zehn Jahre alter Jahrgangssekt, macht Kennern Freude. Liebhaber von Rot- und Weißweinen – auch aus dem Priorat – oder eines »Marc de Cava« werden gleichfalls fündig.

Cavaísimo ist ein Kunstwort, das Lichtenbergs geprägt haben, um ihre Begeisterung für den Penedès und seine Produkte zu transportieren. Bravissimo!

Adresse Florastraße 2, 13187 Berlin (Pankow), Tel. 030/44046504, www.cavaisimo.com, berlin@cavaisimo.com | **ÖPNV** S 1, 25, 85, Haltestelle Wollankstraße, Bus 255, Haltestelle Wollankstraße/Florastraße, Bus M 27, 250, Haltestelle Pradelstraße | **Öffnungszeiten** Di–Fr 12–18.30 Uhr, Sa 10–15 Uhr | **Tipp** Stimmig katalanisch essen kann man im Mariona, Skalitzer Straße 94b, 10998 Berlin-Kreuzberg (www.mariona-berlin.de).

15 __ Claudia Skoda

Avantgarde in Strick

Ihr erster Catwalk ist museal geworden. Aus mehr als 1000 Silbergelatine-Abzügen hatte der Künstler Martin Kippenberger eine Foto-Collage erstellt und zum Laufsteg für die Models von Claudia Skoda umfunktioniert. »Eine Woche Intimleben mit der Familie Skoda und Bekanntenkreis«, notiert er dazu. Zufällig war das nicht: Kippenberger lebte Mitte der 1970er Jahre eine Weile in der WG in der Fabriketage der Zossener Straße, ein Tummelplatz der Avantgarde. Vor Kurzem konnte man wieder über den Bilderteppich schreiten – bei der Retrospektive des Künstlers im »Hamburger Bahnhof«.

In den 1980er Jahren zählte Claudia Skoda zu den einflussreichsten und meistverkauften Designerinnen Deutschlands. Spektakuläre Modehappenings und experimentelle Performances gehörten untrennbar zu ihr. Nach einem mehrjährigen Ausflug nach New York kehrte sie 1987 nach Berlin zurück. Zusammen mit dem Elektronik-Pionier Manuel Göttsching nahm sie eine Platte auf, »Die Dominas«, schneiderte Kostüme zu Filmen von Ulrike Ottinger und kleidete die Band Malaria! ein.

Die ersten Strickanzüge machte sie für Männer – in den Farben Rosa und Hellblau. Das Schaufenster ihres Männermode-Ladens beherrscht auch heute ein Strick-Anzug, nun in erdigem Tweedgarn. Ihre lässigen jacquardgemusterten Strickhosen mit Tunnelzug in der Taille und die Pullover in plastischem Strukturmuster gefallen den Hipstern. Im Ladenatelier in der Mulackstraße entwirft die Strickkönigin noch immer, obgleich in einem Alter, in dem sich andere zur Ruhe setzen. Für die Damenwelt designt sie körpernahe Kleider aus hauchdünnen Garnen, manche transparent, strickt Pullover mit Farbverlauf in gebürstetem Mohair. Ihr Raffinement in der Schnittführung zeigt sich in textilen Verwandlungskünstlern.

Eines ihrer Modelle hat es aufs Cover des »ZEIT-Magazin« geschafft, eine Premiere für das Blatt. Was die »ZEIT« damals schrieb, gilt noch heute: »heiße Masche aus Berlin«.

Adresse a) Rosa-Luxemburg-Straße 16, 10178 Berlin (Mitte) (men) & b) Mulackstraße 8, 10119 Berlin (Mitte) (women), Tel. 030/89203920 & 40041884, www.claudiaskoda. com, contact@claudiaskoda.com | **ÖPNV** a) U 8, Haltestelle Weinmeisterstraße, Tram M 2, Haltestelle Memhardstraße & b) U 2, Tram M 8, Bus 142, Haltestelle Rosa-Luxemburg-Platz | **Öffnungszeiten** Mo – Sa 12 – 19 Uhr | **Tipp** Ein paar Schritte weiter, Mulackstraße 26, verkauft Worlds End Stücke von Vivienne Westwood, deren punkige Mode Claudia Skoda früh begeistert hat.

16__ Corino for men

Der tanzt sich in die Modewelt

Durch Loriot wissen wir, wie schwierig es ist, eine Herren-Butike in Wuppertal zu eröffnen, selbst nach einem Lottogewinn von einer halben Million. Aber davon wusste Richard Krevetz nichts, als er 2007 in Berlin eine Herren-Boutique mit italienischer Männermode eröffnete. Der junge Moldawier war zuvor Tänzer und Choreograf gewesen und hatte Modedesign studiert.

Wer seinen minimalistisch klaren Laden betritt, wird durch das kräftige Gebell eines weiß-gelockten Wuschels begrüßt. Andreas Kuppelmayr gibt dem Laden ein Gesicht, entschuldigt sich für das Gekläff, berät freundlich, ohne anbiedernd zu werden, und sachkundig, ohne arrogant zu wirken. Der Laden vertritt »Primo Emporio« und »Takeshy Kurosawa« exklusiv in der Hauptstadt. Beide Labels stehen für eine lässige, körpernahe Linie, die Klassiker gewitzt und phantasievoll neu interpretiert.

Dieser Laden ist etwas für Männer, die einigermaßen schlank sind und Mut zum modischen Statement mitbringen. Sie finden edle graue Sweats mit offener Schnittkante, witzige Stoffjacketts mit Strickärmeln, Jeans, die mit kleinen bunten Totenschädeln genietet sind, sorgfältig gearbeitete Stoffhosen, die mit Punkt-Futter und Taschenklappen aus Strick entzücken, Kurzmäntel mit Pfiff; freche T-Shirts, schöne Underwear nach Krevetz-Entwurf, sogar Schuhe, Schmuck und Gürtel. Die Auswahl an selbst designten Stücken werde weiter wachsen, erzählt Kuppelmayr. Bereitwillig stellt er komplette Outfits zusammen, sodass der Kunde auch das passende Oberteil zur Hose finden kann. Gedeckte Business-Anzüge mit fein gestriften Hemden sucht man hier freilich vergeblich.

Der attraktive weißhaarige Kunde, der eine Winterjacke anprobiert, überlegt lange, ob er sich den Kollegenspott zu seinem Outfit antun soll, obgleich er sich der Bewunderung seiner Mitarbeiterinnen schon sicher ist. Auch der Einkauf in einer Herren-Butike ist eben nicht ohne Risiko.

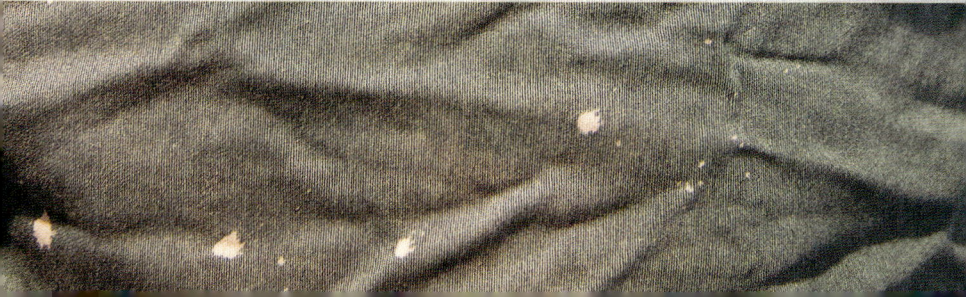

Adresse Winterfeldtstraße 52, 10781 Berlin (Schöneberg), Tel. 030/80611171, www.corinoformen.de, store@corinoformen.de | **ÖPNV** U 1, 2, 3, 4, Haltestelle Nollendorfplatz | **Öffnungszeiten** Mo–Fr 12–19 Uhr, Sa 11–16 Uhr | **Tipp** schöner Schlemmer-Markt auf dem Winterfeldtplatz am Mittwoch 8–14 Uhr und Samstag von 8–16 Uhr

17__Cucinotto

KOSTbares

Diesen Laden übersieht man leicht, wenn man die quirlige Bergmannstraße entlangbummelt, weil kein großes Schaufenster lockt. Es lohnt sich, ein paar Stufen ins Souterrain hinabzusteigen. Das ist das Reich von Ursula Götz, die aus dem Odenwald stammt und gerne kocht und isst. Also machte sie 2007 in dem Haus, in dem ihr Mann eine Tischlerei betreibt, einen Küchenladen auf, der heimatliche mit französischen Einflüssen und Hobby verbindet.

Cucinotto ist ein Eldorado für Leute, die gerne kochen und über die Grundausstattung hinaus sind. Die nicht einfach ein Messer kaufen wollen, sondern ein schönes und funktionelles Schneidewerkzeug. Die buntes Ess- bzw. Küchengeschirr und Besteck mögen, das nach Farbgruppen sortiert präsentiert wird. Die bereit sind, für die bewährten gusseisernen französischen Bräter oder für die Eisenpfannen und Kupfertöpfe aus den Vogesen ein bisschen mehr Geld hinzulegen. Die sich über ein australisches Arbeitsbrett aus Lorbeerholz freuen, das mit Kampfer eingelassen ist, oder über Tischwäsche aus dem Baskenland mit den traditionellen bunten Streifen. Das Porzellan aus der feinen Manufaktur Reichenbach in Thüringen sieht man in Berlin sonst kaum.

In der Dordogne, wo ihr Laden einen Ableger hat, lässt Ursula Götz aus grünen Walnüssen, Rotwein, Orangen und Gewürzen einen Vin de Noix zum Aperitif produzieren. Brände, hochwertige Öle, sogar aus Pistazien, und feine Essige, etwa aus aromatischen Himbeeren, warten auf Connaisseure. Alles wird auch in Kleinmengen abgefüllt. Eine eigene Welt bilden die etwa 130 grünen Dosen von Ingo Holland. Der frühere Sternekoch aus Götz' Heimat konzentriert sich seit mehr als zehn Jahren auf Gewürze der allerfeinsten und seltensten Art: Von Anismyrte über Berbere und Römergewürz bis Zatar. Der Emaille-Küchenofen nach altem Vorbild mit variablen Gusseisenplatten ist übrigens nicht nur zum Anschauen da, mit ihm wird auch geheizt.

Adresse Bergmannstraße 111, 10961 Berlin (Kreuzberg), Tel. 030/61651281, goetzkoeppen@aol.com | **ÖPNV** U 6, 7, Bus 140, M 19, Haltestelle Mehringdamm | **Öffnungszeiten** Mo−Fr 11−19 Uhr, Sa 10−18 Uhr | **Tipp** Die Ökomärkte am Chamisso-platz und am Südstern lohnen samstags den Besuch.

18__DC4

Diese Buxen stehen von selbst

In diesem Jeansladen ... wenn ich so beginne, kann nur Seppuku meine Familienehre wiederherstellen. Auch nur theoretisch, weil Japaner Frauen als nicht satisfaktionsfähig betrachten für den rituellen Selbstmord.

In einem der ältesten Häuser der Straße hat Daniel C. Cizmek 2011 seinen Showroom im Industrie-Look eingerichtet. Im schmalen Schaufenster prunkt eine glänzende Harley-Davidson, die in den 1960er Jahren der Polizei von Nutzen war und zum Kasten-Chopper umgebaut wurde. Am rohen Mauerwerk stapeln sich Hosen aus Raw Denim, die in Japan aufwendig produziert und von DC4 teilweise exklusiv nach Europa importiert werden. Testosteron territory.

Die Beinkleider, die Levi Strauss Mitte des 19. Jahrhunderts für Goldgräber aus robustem Baumwollstoff mit Webkante anfertigte, werden in Japan original »nachgebaut«. Iron Heart, Joe McCoy, Momotaro, Samurai, The Flat Head und The Real McCoy's fertigen auf alten US-Webstühlen und Nähmaschinen kultige Hosen aus 16 bis 25 Unzen schwerem, ungewaschenem und unbehandeltem Baumwoll-Denim. Mit dieser Hose steigt man in die Badewanne, bis sie passend geschrumpft ist, und lässt das nächste Jahr weder Seife noch Wasser an sie. Die charakteristischen Tragefalten und Abriebstellen an Gesäßtaschen, Knien und Nähten stellen sich von selbst ein; Gerüche beseitigt das Tiefkühlfach, weiß der Fan. Die unkaputtbaren Buxen kosten 280 Euro aufwärts.

DC4 kürzt und repariert mit Original-Kettenstich auf einer »Vintage Union Special 43200«, die bis in die 1950er Jahre bei Levi Strauss stand. Der Großstadt-Cowboy findet hier auch robuste Hemden, lederne Geldbeutel und Flechtketten, Stiefel aus Pferde- oder Hirschhaut sowie Schmuck aus Japan. Mädels wurden bislang etwas vernachlässigt – der Leather Patch Life's a Bitch sagt alles. Das werde sich ändern, versprach Cizmek und ließ sein schönstes Lächeln sehen. Die Räuber vom Winter waren nicht auf Damenjeans aus.

Adresse Torstraße 95, 10119 Berlin (Mitte), Tel. 0170/6769201, www.dc4.de, contact@dc4.de | **ÖPNV** U 8, Tram 12, M 1, M 8, Haltestelle Rosenthaler Platz | **Öffnungszeiten** Mo–Sa 12–20 Uhr | **Tipp** Für eine uramerikanische Erfolgsgeschichte anderer Art steht der Moscow Mule, den die Neue Odessa Bar, Torstraße 89, vortrefflich mixt. Motorradunikate baut Herzbube, Motorcycle Art (www.herzbube-motorcycles.de) in Weißensee.

19__Design 54

Das jüngste Kind der großen Antikfamilie

Zwischen Kantstraße und Sophie-Charlotte-Platz erstreckt sich die Suarezstraße, an der sich ein Antik-Vintage-Laden an den anderen reiht, 33 an der Zahl. An einem Wochenende im September stoßen noch auswärtige professionelle Händler, viele von ihnen aus Tschechien und Belgien, zu den ansässigen hinzu und formen die Antikmeile.

Ziemlich auf der Mitte dieser Straße liegt Design 54, das jüngste Kind der Antikfamilie. Jung, was das Bestehen angeht: seit 2011. Jung auch, was das Sortiment angeht. Magnus Ettlich konzentriert sich auf die 1950er bis 1970er Jahre und überwiegend skandinavisches Design, das gleichzeitig hochwertig gearbeitet, zeitlos schön und dabei funktional ist. Kurzum: mid-century modern. Das Angebot umfasst sowohl rare Objekte namhafter Designer als auch namenlose Produkte dieser Zeit, die qua Gestaltung und Material überzeugen. Neben Sesseln, Stühlen, Vasen, Tischen und ein paar Gläsern bietet er auch Leuchten an. Gerade hat er Studioscheinwerfer aus dem alten Zoo Palast ergattert. Das Angebot wechselt ständig.

Der Kunde, der den Laden betritt, könnte Mitte dreißig und im Kulturbereich tätig sein. Den Leinenschal hat er lässig um den Hals geknotet, das Auto parkt er in zweiter Reihe. Nur ganz schnell will er den Vamo-Sonderborg-Stuhl aus Teak abholen, den Magnus Ettlich für ihn hat neu beziehen lassen – mit viel Gespür. Vom neuen Look, der dadurch entstanden ist, ist der Kunde sichtlich hingerissen. Die acht Poul-Kjærholm-Stühle am Eingang, deren skulpturale Eleganz auffällt, nimmt er nur kurz in den Blick, schon ist er zur Tür raus. Und kehrt mit zwei knallroten, organisch schwungvoll geformten Kindersesseln aus Kunststoff wieder, die gerade vor der Tür Wache gehalten hatten. Können wir bald brauchen, erklärt er lachend und wie entschuldigend.

Einst hieß die Suarezstraße Prinzessinnenweg. Der Verlockung fallen hier offenbar auch Prinzen anheim.

Adresse Suarezstraße 54, 14057 Berlin (Charlottenburg), Tel. 030/31102091, www.design54.eu, design@design54.eu | **ÖPNV** U 1, 2, Bus 309, Haltestelle Sophie-Charlotte-Platz, Bus 309, M 49, Haltestelle Amtsgerichtsplatz | **Öffnungszeiten** Mo – Fr 11–19 Uhr, Sa 11–17 Uhr | **Tipp** Coiffeur Charo (Suarezstraße 1) hat noch das unveränderte Interieur von 1908 (www.coiffeurcharo.de)!

20__ The Different Scent

Berliner Luft

Das ist die Berliner Luft Luft Luft, so mit ihrem holden Duft Duft Duft, wo nur selten was verpufft pufft pufft, in dem Duft Duft Duft dieser Luft Luft Luft. Das 1904 komponierte Lied »Berliner Luft« mit seinem beschwingten Marsch-Rhythmus ist die inoffizielle Hymne der Hauptstadt.

Dass die Berliner Luft heute – in ihren besten Momenten – nicht nur nach Ruß und Achselschweiß riecht, ist auch das Verdienst von Jens Poenitzsch. Der Endvierziger fand nach einigen Umwegen über Literaturstudium, Landschaftsgärtnerei und Buchhandelslehre zum olfaktorischen Genuss, und das ist ein Segen. Seine Auswahl an Parfüms ist, ja, das Wort ist erlaubt: outstanding. Weltweit gibt es vielleicht ein halbes Dutzend Geschäfte mit einem solchen Sortiment an Nischen-Düften. Der Vergleich sind nicht die Edelkaufhäuser des Westens, an der Lower Eastside oder in Knightsbridge, sondern Aedes de Venustas in Greenwich Village oder Lucky Scent in Los Angeles.

Die diversen Ausbildungen sind am Ende keine Umwege, denn Poenitzsch vermag die Wahrnehmung der Nase trefflich in Worte zu fassen. Worte, die sich fern vom üblichen Marketing-Gewölk halten. Er spannt den Bogen, was Duft sein kann, weit aus. Mancher Komposition scheint das offenkundige Schmeicheln gänzlich zu fehlen. Er erzählt Geschichten von Düften, Parfümeuren, Rohstoffen und handwerklicher Herstellung. Unter den mehr als 500 Düften finden sich Namen wie Andy Tauer, Les Liquides Imaginaires, Biehl Parfumkunstwerke, Nasomatto und Mazzolari.

Im zweiten Raum findet der Liebhaber des Hobels alles, was es für eine Nassrasur braucht, inklusive Streichlederriemen und veganem Haarpinsel. Anders als bei seinen internationalen Konkurrenten für den olfaktorischen Genuss liegt sein Geschäft ein wenig verschämt in einer Seitenstraße und dort in einem Souterrain, einem früheren Kohlenkeller. Sophistication kommt in Berlin nicht mit Goldknöpfen und rotem Samt daher.

Adresse Krausnickstraße 12, 10115 Berlin (Mitte), Tel. 030/35122925,
www.thedifferentscent.de, info@thedifferentscent.de | **ÖPNV** S 5, 7, 75, Haltestelle
Hackescher Markt, Tram 12, M 1, Haltestelle Monbijouplatz | **Öffnungszeiten** Mo – Fr
11 – 19 Uhr, Sa 12 – 18 Uhr | **Tipp** »1000 & 1 Seife« produziert in eigener Werkstatt rund 20
verschiedene Pflanzenölseifen im Kaltverfahren: Rosenthaler Straße 40/41 (Hackesche Höfe).

21__Dr. Kochan Schnapskultur

Der Doktor der Schnapsologie

In einem kleinen Labor in der Marienburger Straße, mit fliegenvergittertem Blick auf den zweiten Hinterhof, produzieren die beiden Tonmeister Gabriel Grote und Henning Birkenhake Pijökel 55. Die Rezeptur hatte Grotes Vater, ein Apotheker, entwickelt. Der Name des Kräuterlikörs erinnert an dessen Abiturjahrgang 1955 und an ein von der Klasse kultisch verehrtes Wurzelholz, »Pijökel« genannt, was plattdeutsch ist und »kleines Ding« bedeutet. Groß ist Pijökel 55 im Aroma: Der Kräuterlikör punktet durch warme Mandel-, Vanille- und Zimtnoten, den würzigen Kontrapunkt setzen Ingwer und Galgant, die Süße ist angenehm zurückhaltend.

Verkauft wird das Kult-Gebräu eine Straße weiter, bei Dr. Kochan Schnapskultur. Dr. Thomas Kochan brennt für diese und andere authentische Spirituosen. Natürliche Zutaten ohne künstliche Aromen oder Farbstoffe, nachhaltiges Handwerk in Familienbetrieben und regionale Verankerung liegen ihm am Herzen. In der jahrhundertealten Tradition des Lebenswassers kennt er sich aus, und so weiß er lebhaft von unterschiedlichen Herstellungsweisen zu erzählen.

Sein Lieblingsprodukt ist »Genepy Likör« aus Palènt im oberen Mairatal in den italienischen West-Alpen. Genepy, die Schwarze Edelraute, gehört zur gleichen Familie wie Beifuß und Wermut und ist selten geworden. Das Kraut wird dort biologisch-dynamisch aufgezogen und der Likör in wunderschöne Flaschen abgefüllt. Diesen Likör finde man sonst nirgendwo in Deutschland, sagt er. Im Sortiment hat er auch rare Tresterbrände, fruchtbetonte Obstwässer, Whisky aus Salem, Batavia-Arrak, Kräuterelixiere aus Klöstern. Kochan geht's um sensorische Erfüllung, nicht um Rausch. Klingt etwas akademisch, beinahe asketisch. So jemand füllt seine Spirits mit Geist gerne in handliche Probierfläschchen für die häusliche Verkostung ab. Er kann den europäischen Ethnologen nicht verstecken, der er eigentlich ist.

Adresse Immanuelkirchstraße 4, 10405 Berlin (Prenzlauer Berg), Tel. 030/34624076, www.schnapskultur.de, info@schnapskultur.de | **ÖPNV** U 2, Haltestelle Senefelderplatz, Tram M 2, Haltestelle Knaackstraße | **Öffnungszeiten** Mo–Fr 12–20 Uhr, Sa 11–17 Uhr | **Tipp** Einen Doppelkorn für Connaisseure brennt der Berliner Theo Ligthart aus drei naturbelassenen Weizensorten, die auf märkischem Boden wachsen (Bezugsquellen: daskorn.com).

22 Edsor

Tie or Die

Was wie der Slogan eines Werbefuzzis auf Kokain klingt, war 2013 ein Workshop der Modeschule Esmod. Die Studis sollten aus Edsor-Krawatten »high fashion looks« kreieren. Diese Idee passt zu Jan-Henrik M. Scheper-Stuke, der seit 2010 Geschäftsführer von Deutschlands einziger Krawattenmanufaktur ist. Er tritt auf wie der letzte Dandy Berlins – selbst seine Hemdmanschette trägt die Initialen JHSS – und schwärmt von den 1920er Jahren, in denen »jeder einen Binder brauchte, offenes Brusthaar gab es nicht, Gott sei Dank«.

Da die Hauptstadt für alles andere als perfektes Einstecktuch und exakte Krawattenknoten bekannt ist und kein Geld für Werbung da war, machte er sein Gesicht mit den akkurat zurückgegelten blonden Haaren zur Marke und tingelte durch die Partys der Hauptstadt und die Talkshows der Republik: »Ich war auf jeder Milchbüchseneröffnung«.

Edsor fertigt seit 1909 exklusive Krawatten, Schleifen, Schals, Einstecktücher und – auf Bestellung – Hausmäntel; alles wird handgenäht. Auch der deutsche Kaiser trug Edsor – daher die Krone im Firmenlogo. Designer Sammy Voigt entwirft zwei Kollektionen im Jahr, die meisten Stoffe werden in Como hergestellt, aus Seide, Flanellwolle, Kaschmir und Leinen, Bouclé und Gaze. Beliebt sind Tiermotive, die aus der Ferne wie geometrische Muster wirken, und der Elefant. Ganz neu: Motive der Xingu-Indianer und der Katalanen. Auch Obama wurde schon mit Edsor gesehen, royalblau. Die Krawatten gibt's in vier Breiten, die Schleifen wahlweise zum Selbstbinden und beides auch für Kinder und Damen. Durch Kooperationen mit Brands wie Wood Wood, Michael Michalsky oder Lala Berlin wirbt Edsor um jüngere Kunden.

Wenn aus dem stämmigen Bernd vom Oldenburger Bauernhof Muttis aus dem Ei gepellter Liebling JHSS werden konnte, kann dank Edsor auch aus Berlin noch eine elegante Weltstadt werden. Der Meister selbst, gerade mal 32, trägt übrigens nur Schleife, nix tie.

Adresse Hackesche Höfe, Rosenthaler Straße 40/41, 10178 Berlin (Mitte), Tel. 030/25760717, www.edsor.de, flagship-b@edsor.de | **ÖPNV** Alle S-Bahnen, Haltestelle Hackescher Markt | **Öffnungszeiten** Mo–Sa 10–20 Uhr | **Tipp** Im Salon- und Lounge-Restaurant Oxymoron in den Hackeschen Höfen kann man drinnen wie draußen nett sitzen, stilvoll essen, Freitag- und Samstagabend auch Musik vom DJ genießen (www.oxymoron-berlin.de).

23___Café & Salon EigenARtich

Stehrumchen neben Standonium

Das bemalte Holzschild über den Schaufenstern weist die Betreiber als Stilisten eigener Art aus. Roberto Kummetz und Angelika Christ haben sich einen Traum erfüllt: Ihr EigenARtich ist Laden, Café und Salon in einem. Sie verkaufen – überwiegend gebrauchte – Gegenstände diverser Epochen aus Glas und Porzellan, Vinyl und Papier, Plaste und Elaste. Nützliches neben Niedlichem. Wer vom Schauen und Staunen müde und hungrig ist, kann sich mit süßen oder salzigen Schnabulantien stärken und ostalgische Brausen, hitzige Muntermacher, diverse Hopfensäfte und Wein von der Nahe trinken. Oder sich ein Weckglas mit Eintopf für Zuhause mitnehmen. Gelegentlich ist das EigenARtich auch Bühne für Musiker oder Literaten und Gäste ohne Klaustrophobie.

Die Inhaber bieten an, was sie selbst gernhaben – und genauso, wie sie es selbst gerne hätten: Deshalb schwimmt die rahmige Vanilleeiskugel auf frischem aromatischen Espresso aus fairem Handel, der durch gecrushtes Eis fix schockgekühlt wurde. Gekocht wird mit Demeter-Rindfleisch, Biohuhn und -gemüse. Nach alter Mütter Sitte wird hier alles eingeweckt, so sind viele Gerichte über den Ladentisch erhältlich. Am Sonntagnachmittag steht die Tür nicht still, hausgemachte Kuchen sind auch in Alt-Pankow rar. Der gekühlte Schokokuchen ist in seinem reichen Schmelz eher Konfekt als Wüste-Gobi-Kuchen, die »gehuschte Beatrix« charmiert mit Äpfeln, Feigen und Nüssen.

Doch das Wesentliche verpasst, wer nur auf die Schnelle etwas besorgt. Denn charakteristisch fürs EigenARtich ist die geradezu fürsorgliche Zuwendung, die jedem gilt, der hereinschneit. Beratung und Verkauf funktionieren wie unter Freunden. Macken an der Kanne werden nicht verschwiegen. Die ungesunde Hautfarbe des Stammgastes löst besorgte Nachfragen aus. Ist so ein Laden nicht völlig aus der Zeit gefallen? Nein, nur eigenARtich.

Adresse Florastraße 67, 13187 Berlin (Pankow), Tel. 030/88668972, www.eigenartich.net, cafeundsalon@eigenartich.net | **ÖPNV** S 2, 8, 9, U 2, Tram 50, M 1, Bus 107, 155, 250, 255, M 27, X 54, Haltestelle Pankow, Bus M 27, Haltestelle Mühlenstraße | **Öffnungszeiten** Do – So 12 – 19 Uhr | **Tipp** Der Florakiez hat auch eine kleine Spielstätte für Theater, Comedy, Musik und Film: »Zimmer 16 – camera dell'arte«, Florastraße 16 (www.zimmer-16.de).

24 Erfinderladen

Testlabor für den Schöpfergeist

Der Geistesblitz unter der Dusche muss sofort notiert werden. Der Erfinderladen hat den wasserfesten Notizblock dafür im Sortiment. Dieser Laden ist ein vergnügliches Füllhorn witziger Einfälle und nützlicher Produkte: Da gibt es Dosensafes und Fliegenpistolen, einen Bierbank-Sitz mit Lehne und Antirutschpaste für die Schuhsohle, einen Becher, der sich selbst umrührt, Notfall-Schnurrbärte und Frustschutz, den kleinsten Rucksack der Welt, Mikrokakteen fürs Schlüsselbund, Kissen für den Büroschlaf, Stuhlsocken und knautschbare Stadtpläne, Pizzaschere und Sicherheitsleine fürs Smartphone, Bügel-Clou für Ärmel und Glühbirnen, die keinen Strom verbrauchen.

Wer sich dort umsieht, dem dämmert, dass Deutschland nicht nur ein Land der Dichter und Denker, sondern auch der Erfinder ist. 60.000 Patentanmeldungen gibt es jedes Jahr in Deutschland. Einen gewissen Anteil daran hat auch der Erfinderladen. Denn hinter der Verkaufsplattform für Neuschöpfungen steckt ein überaus findiger Kopf: Marijan Jordan. Er berät Erfinder seit fast 15 Jahren beim mühsamen Prozess, eine Idee über die Marktrecherche und Patentanfrage bis hin zur Verwertung und zu Lizenzpartnern zu führen. Der Laden ist dabei auch Labor, um zu testen, ob Kunden sich für ein Produkt, das zuvor in Kleinserie hergestellt wurde, interessieren, zu welchem Preis, in welcher Verpackung. Ein Sprungbrett gewissermaßen in die Welt der Serienproduktion. So jemand weiß dann auch, dass eine Strumpfhose mit drei Beinen oder ein Hut aus den Schuppen von Tannenzapfen am Markt keine Chancen hat.

Du, dieses Jahr schenken wir uns aber mal nichts! Für solche Fälle hält der Erfinderladen die »absolutNix«-Flaschen bereit. Und auch Dosen mit Berliner Luft, die weder schmutzen noch Lärm machen. Man könnte auch sagen: Jordan ist der Mann und der Erfinderladen der Ort für Ideen, von denen die Welt noch nicht wusste, dass sie sie braucht.

Adresse Lychener Straße 8, 10437 Berlin (Prenzlauer Berg), Tel. 030/54713306, www.erfinderladen-berlin.de, office@erfinderladen-berlin.de | **ÖPNV** U 2, Tram 12, M 1, M 10, Haltestelle Eberswalder Straße | **Öffnungszeiten** Mo – Sa 11 – 20 Uhr | **Tipp** Eine (vermutlich) Berliner Erfindung eigener Art lässt sich unter der Hochbahn an der Schönhauser Allee 44a bei Konnopke's testen: Currywurst ohne Darm mit Soße in vier Schärfegraden (www.konnopke-imbiss.de).

25 Erich Hamann

Omis Beste

Berlin ist eine Schokoladenstadt, lange schon. Zig Schoggi-Produzenten sind hier zu Hause, große wie Storck, Stollwerck und Reuss, kleinere wie Chocri oder Schneiders Schokoladen. Der Schokoladen-Rebell Holger In't Veld startet – nach seinem Schiffbruch – mit Bonvodou neu durch. Sawade, das seit 1880 existiert, ist knapp vor der Insolvenz gerettet worden. Ein Auf und Ab.

In Wilmersdorf ticken die Uhren gemächlicher, hier kultiviert Familie Hamann die Tradition. In jeder Hinsicht. Erich Hamann, Konditor aus Ostpreußen, hatte seine Manufaktur für feines Konfekt 1912 in der Kurfürstenstraße gegründet. 14 Jahre später errichtete er das Gebäude, in dem heute noch produziert, verpackt und verkauft wird. Von Hand. Wer den Laden betritt, erlebt das Original-Interieur aus Vogelaugenahorn von Johannes Itten, dem Bauhausler mit den Farbtypen. Ehefrau Anna entwarf die Verpackung mit dem zarten Karo und der blauen Schleife. Erich Hamann garantiert seither mit Unterschrift im Logo für die Güte.

»Der Inhalt ist wichtiger als die Verpackung. Das soll man sehen«, sagt Andreas Hamann. Der Enkel führt heute die Geschäfte; Vater Gerhard steht mit weit über 70 Jahren noch immer an der grünen Granitwalze für die viel gerühmte Borkenschokolade. Kein Edelstahl, keine Elektronik. Die Schokolade wird darauf so dünn ausgewalzt, bis man durch sie hindurchschauen kann. Dann nimmt Hamann sie mit breitem Schabemesser auf, faltet sie immer weiter, bis sie kraus, luftig und borkig ist. Das Haus Hamann ist auch berühmt für seine bitteren Schokoladen mit bis zu 77 Prozent Kakao und hauchfeine Schokoplättchen. Einziges Zugeständnis an die neue Zeit sind Beigaben von rotem Pfeffer, Chili und Lemongras, Ceylon- und grünem Tee.

Wenn Verpackung, Rezeptur, Herstellung und Osterhasen von Zeitgeist und Marketingschnickschnack unangekränkelt sind – dann ist das nicht Retro-Marketing, sondern schönes Traditionsbewusstsein.

Adresse Brandenburgische Straße 17, 10707 Berlin (Wilmersdorf), Tel. 030/87320-85/86, www.hamann-schokolade.de, kontakt@hamann-schokolade.de | **ÖPNV** U7, Bus 101, Haltestelle Konstanzer Straße | **Öffnungszeiten** Mo–Fr 9–18 Uhr, Sa 9–13 Uhr | **Tipp** Reizvoll ist ein Besuch im Schokoladen-Restaurant und der Schauwerkstatt von Fassbender & Rausch (Charlottenstraße 60, 10117 Berlin, www.fassbender-rausch.de) am Gendarmenmarkt.

26__Farben Kacza

Farb-Familie

In kaum einer Straße Berlins zeigen sich die Weltanschauungen und Lebensgeschichten so unterschiedlich und auf engstem Raum wie in der Oranienstraße. Das bunte Bevölkerungsgemisch hat viele Kultstätten hervorgebracht: vier Moscheen, eine Synagoge (am Fraenkelufer), einen Zen-Tempel, drei evangelische und eine katholische Kirche. Seit 1987 zieht die revolutionäre 1.-Mai-Demo der Autonomen und Antifa-Gruppen hier durch.

Dass Berlin noch in anderer Hinsicht bunter ist als jede andere deutsche Stadt, ist auch das Verdienst eines unauffälligen Souterrain-Ladens im Haus 172-173. Dort residiert seit 1946 Farben-Kacza. Dennoch ist das kein Malergeschäft im herkömmlichen Sinne. Zwar wird mit Farben, Tapeten und Anstrichmitteln gehandelt, aber machen muss man's selbst. Ein Photospektrometer misst das Farbmuster genau nach, schneller als es das geschulte Auge Axel Wirths vermag. Seine Mischmaschinen stellen auf der Basis von 1,5 Millionen Rezepten mehr als 88.000 verschiedene Farbtöne für Lacke, Wandfarben, Lasur her – nach gängigen Farbkollektionen. Die 120 Farbpigmente an der Ladenwand entwickeln eine magische Anziehungskraft, es gibt sie auch in fluoreszierend, metallig, glitternd. Wer die Pinselauswahl studiert hat, ahnt, dass nicht nur Anstreicher, sondern auch malende Künstler jedes Professionalisierungsgrades hier ein und aus gehen. 120 verschiedene Tapeten sind vorrätig, aus 300 Tapetenbüchern kann geordert werden. Strukturmusterwalzen freuen Ornament-Liebhaber.

Ottilie Normalverbraucherin wäre mit diesem Sortiment überfordert, stünde ihr nicht die Kompetenz der Wirths zur Verfügung, einer Familie, die seit drei Generationen in Farben macht. »Wat wollense denn machen, junge Frau«, beginnt das Gespräch und endet mit der exakten Tapetenmenge, dem nötigen Werkzeug und guten Ratschlägen. Vielleicht könnten sich die Farbbeutel-Werfer politischer Couleur hier ästhetisch beraten lassen?

Adresse Oranienstraße 172/173, 10999 Berlin (Kreuzberg), Tel. 030/6143847, www.farben-kacza.de, farbenkacza@aol.com | **ÖPNV** U 1, 8, Haltestelle Kottbusser Tor, Bus 140, M 29, Haltestelle Adalbertstraße/Oranienstraße | **Öffnungszeiten** Mo, Di, Do, Fr 8.12–13 & 14–18 Uhr, Mi 8.12–13 Uhr, Sa 9–13 Uhr | **Tipp** In der Oranienstraße 132 steht das älteste bis heute erhaltene Gebäude der ehemaligen Luisenstadt, die nach Plänen von Friedrich August Stüler errichtete evangelische St.-Jacobi-Kirche.

27___Filetstück

Ehrliche Fleischeslust

Auch wenn vegane Läden und vegetarische Restaurants boomen und Gemüse eine nie gekannte Zuneigung erfährt, finden immer mehr Genießer ein ehrliches Stück Fleisch sexy. Kein Wunder, folgt man den Japanern: umami – deutsch: fleischig, herzhaft – befeuert die Geschmacksknospen genauso wie süß und salzig, sauer und bitter.

Eine Handvoll privater Investoren hat die Fleischeslust früh erkannt und vor vier Jahren Filetstück an der Schönhauser Allee eröffnet. Verantwortlich für Fleischauswahl und Küche ist Sascha Ludwig, der nach Lehr- und Wanderjahren in der Sternegastronomie ins Filetstück wechselte. Die Züchter und Metzger seines Vertrauens haben sich dem trockengereiften Rind verschrieben. Die Schwarz- und Rotbunten aus Westfalen, Pommern und Irland durften deutlich älter als die üblichen zwei Jahre werden, wurden artgemäß gehalten und schonend geschlachtet. Auch Filet von Donald Russell – dem seit mehr als zwei Jahrzehnten renommierten und preisgekrönten Fleischlieferanten der Queen – sowie Lamm liegen in der Vitrine, daneben Wurst und Schinken aus halb Europa.

Beim Betreten fällt als Erstes die gläserne Reifekammer auf, in der das Fleisch bei null bis zwei Grad und unter ständiger Luftzirkulation drei bis fünf Wochen am Knochen trocknet. Was früher und vor der Nassreifung im Vakuum-Beutel die Regel war, ist nun zur noblen Ausnahme geworden. Der Reifeprozess entzieht dem Fleisch etwa 20 Prozent Wasser und aktiviert Enzyme. Das lässt das Fleisch nach dem Braten nussig-buttrig schmecken.

Wer sich der Lust am herrlich marmorierten Fleisch sofort hingeben will, kann im Bistro ein dunkles Grillmuster aufs Entrecôte brennen lassen. Seit gut zwei Jahren hat das Filetstück auch eine Dependance in Wilmersdorf. Die Fleischqualität ist identisch, wird jedoch in ein ausgefeiltes Sieben-Gänge-Menü eingebettet. Im Filetstück-Logo zielt Amor mit Messer und Gabel aufs Herz des Genießers. Touché.

Adresse a) Schönhauser Allee 45, 10435 Berlin (Prenzlauer Berg), Tel. 030/48820304 & b) Uhlandstraße 156, 10719 Berlin (Wilmersdorf), Tel. 030/54469640, www.filetstueck-berlin.de, schoenhauser@filetstueck-berlin.de und uhlandstrasse@ filetstueck-berlin.de | **ÖPNV** a) U2, Tram 12, M1, M10, Haltestelle Eberswalder Straße & b) U1, 2, 3, 9, Bus 204, Haltestelle Spichernstraße, Bus 249, Haltestelle Pariser Straße | **Öffnungszeiten** Mo−Sa 12−15 & 18−23 Uhr, So 18−23 Uhr; Verkauf werktags durchgehend; Filiale Wilmersdorf hat sonntags geschlossen | **Tipp** Ein begehbares Rezeptbuch ist das »Kochhaus« schräg gegenüber, Schönhauser Allee 46 (www.kochhaus.de).

28__Flying Colors
Vom Winde verweht, dem Himmel entgegen

Einst spürten die Menschen im Wind die Götter atmen. Lange schon inspiriert das himmlische Kind Künstlernaturen, denen es um Freiheit und Veränderung geht. Obgleich die Meteorologie das windige Geschehen durch thermodynamische Gesetze etwas entzaubert hat, ist die Faszination geblieben: Auch Michael Steltzer ist ihr erlegen.

Es fing mit einem Drachen an, den er auf dem ersten Rad hinter sich herzog, um Wind zu erzeugen. Als Architekturstudent lernte der Amerikaner die Zusammenhänge zwischen Form, Material, Physik und Ästhetik kennen, die ihn bis heute beschäftigen. Seit 30 Jahren führt er den ältesten Laden für Flugobjekte aller Art in Berlin und entwickelt auch Drachen – zuletzt ein synergetisches Modell, das ohne Wind fliegen kann. Hier findet man alles, was sich in der Luft bewegt, fliegt, schwebt oder gleitet – vom asiatischen Drachen über Kindermodelle zum Selberbauen bis zu anspruchsvollen Lenk-, Trick- und Speeddrachen, aber auch Bumerangs, Frisbees, Jo-Jos und Windspiele.

Die Jonglage-Abteilung hat ein fingerfertiger Schotte unter sich, der zirzensisch ausgebildet ist. Er berät, welche Jonglierbälle für den Anfang die besten sind, wenn man nicht mehr mit zusammengeknoteten Socken oder Tischtennisbällen üben mag. Beanbags gibt's aus Wolle, Echt- und Kunstleder, Silikon, Stoffen. Schließlich sollen sie beim Herunterfallen weder herumspringen noch wegrollen.

Alles Kinderkram? Von wegen. An der Technischen Universität Berlin gab's mal einen Lehrstuhl für Drachenbau. Die Berliner erinnern sich an den 18. März 1990, als in der DDR die ersten freien Wahlen stattfanden: Eine Ohashi-Drachenkette verband damals Ost- mit Westberlin über die Mauer hinweg. Drachenbauer sind Konstrukteure, Künstler und manchmal auch Kampagnenmacher: Michael Steltzer gibt Drachenfesten beharrlich Rückenwind und sät Sturm gegen die Bebauung des Tempelhofer Feldes, dem Drachen-Eldorado in der Stadt.

Adresse Eisenacher Straße 81, 10823 Berlin (Schöneberg), Tel. 030/78703636, www.flying-colors.de, info@flying-colors.de | **ÖPNV** U 7, Haltestelle Eisenacher Straße | **Öffnungszeiten** Mo–Fr 11–19 Uhr, Sa 10–17 Uhr | **Tipp** Luftiges Mandelgebäck mit einer feinen aromatischen Creme, Macarons, führt die nahe Makrönchen Manufaktur (www.makroenchen-manufaktur.de) in der Apostel-Paulus-Straße 4 (nur Mi–Sa).

29 Freddy Leck sein Waschsalon

Das bisschen Wäsche…

Das bisschen Wäsche ist doch kein Problem, sagt mein Mann. Und auch das Bügeln schafft man ganz bequem, sagt mein Mann. Johanna von Koczian hört man in Freddy Leck sein Waschsalon sommers zweimal die Woche trällern. Dann macht Comedy-Queen Jundula Deubel im Comedy-Bus gerade Station im schrägsten Waschsalon der Hauptstadt. Und die hartgesottenen Jungs aus Neukölln oder Wanne-Eickel werden im Wäsche-Wettfalten geübt. Neben diesen Sternstunden kennt Freddy Leck sein Waschsalon ganz normale Tage, an denen der Moabiter Kiez dort waschen, mangeln, bügeln geht – in einem Idyll der Sonderklasse.

Der Laden ist voll die 1960er Jahre, Teppichläufer, Bordüren-Tapete, in der Ecke eine Madonna mit Rosenkranz, an der Wand wacht Mutter Teresa. Ein Salon ist schließlich ein Ort des Austausches, an dem er sich wohlfühlen will und die Kunden auch. Deshalb hat Freddy Leck 2008, als eine große Liebe dramatisch gescheitert war, diesen Laden nach seinem Gusto eingerichtet. Die Waschtrommeln an den Wänden drehen sich nebenbei, während man sich auf dem weißen Ledersofa fläzt und eine US-Serie auf dem Riesen-Bildschirm guckt, ein Zigarettchen in der Bibliothek raucht oder am Laptop surft und eine Latte schlürft.

Auf dem Regal: eine Zeitreise durch die Welt der Waschpulver, nun vervollständigt durch eine hauseigene Kreation, getrennt nach Mann, Frau und Baby. »Ein bisschen Sozialstation und Familienersatz sind wir hier schon.« Und dazu gibt's Muschi-Service. Bitte? Wieso, wie viel, wie oft?, fragt die Website. F. Leck wäscht auch Katzen- und Hundedecken. Freddy Leck ist die Kunstfigur eines Mannes, Jahrgang 1964, der auch noch ein anderes Leben hat und darin einiges an Höhen und Tiefen erlebte. Vielleicht hat er deshalb ein großes Herz für den ganz normalen Wahnsinn.

Adresse Gotzkowskystraße 11, 10555 Berlin (Moabit), Tel. 030/50916652, www.freddy-leck-sein-waschsalon.de, herrfreddyleck@web.de | **ÖPNV** U 9, Haltestelle Turmstraße, Bus 101, 106, 245, Haltestelle Gotzkowskystraße | **Öffnungszeiten** Mo−So 7−23.45 Uhr | **Tipp** Gegen Bares bittet F. Leck viermal im Monat zum »Leckiflecki-schlecki«: In Muddis Wohnküche nebenan erzählt er von Waschneurosen, Fleckenbeseitigungsritualen und Sockenvernichtungsprogrammen.

30 __ Friedrichslust

Waldgötter

Unvermutet, aber: Im hauptstädtischen Stein-Wald sind Waldgötter zu Hause. Das mystische Wesen imponiert durch ein stolzes Geweih am Kopf und soll Wunden und Verletzungen heilen. Wer es aufsuchen will, muss sich zur verkehrsdurchtosten Schönhauser Allee durchschlagen. Zwischen The Barn-Roastery, Tempel eines elitären Kaffeegenusses, der Kinderwagen und Rollis energisch auspollert, und der »Fleischerei«, die »Himmel un Ääd« unterm Kronleuchter verspricht, erhebt sich ein mächtiges Steintor.

Im Durchgang zum zweiten Hinterhof weisen Kristalllüster den Weg in die hohen Räume einer ehemaligen Tischlerwerkstatt. Dort zeigt Friedrich Michael Schreiber, was ein Vierteljahrhundert Sammelleidenschaft hergibt. Diese macht vor nichts halt, was Stil hat, dekorativ ist und gerne auch skurril, von der Renaissance bis in die 1980er Jahre. Mit Kuhfell bezogene Möbel, barocke Steinvasen aus dem Schloss Salzdahlum, dem ehemaligen Lustschloss im Niedersächsischen, Art-déco-Lüster, eine mächtige dunkle Renaissance-Truhe, Ölbilder, die zwei adrette Jungs im Matrosenanzug zeigen, altes Bauernleinen auf Rollen, Muranoglas, ein Baby-Skelett. Die Antiquitäten sind über die Jahre weniger geworden – wer kauft schon Schellack-Biedermeier, wenn Industrie-Design angesagt ist? –, die außergewöhnlichen Dinge sind mehr geworden. Das ganze Interieur wirkt nie trödelig, sondern ist erlesen inszeniert.

Herrscher der Räume sind die Waldgötter, lebensgroße Skulpturen aus Birkenrinde, Holz und Horn. Möbelrestaurator Schreiber formt die mystischen Wesenheiten von eigener Hand. Sting, die Musikikone seiner Jugend, verguckte sich in zwei von ihnen, seitdem sind die in der Toskana zugange. Als sich der Speiseclub Neukölln, ein Underground Supper Club, Friedrichslust für seine Titanic-Nacht erkor, mit Original-Menü selbstverständlich, konnte man spüren: So schön kann Untergang sein, wenn Waldgötter aufpassen.

Adresse Schönhauser Allee 8 (Hinterhaus), 10119 Berlin (Mitte), Tel. 030/51736256, www.friedrichslust.de, info@friedrichslust.de | ÖPNV U 2, M 8, Haltestelle Rosa-Luxemburg-Platz | Öffnungszeiten Sa 12–18 Uhr und nach telefonischer Vereinbarung | Tipp Ausgefallene Blumenarrangements und passende Gefäße, Vintage-Interieur und zeitgenössisches Mobiliar bietet Marsano (www.marsano-berlin.de), Charlottenstraße 75 (Mitte).

31___Fun Factory
Sex in the City?

Die Spaßfabrik schiebt sich kraftvoll spitzwinklig in die Straße. Das ist schon das Bedrängendste an der Fun Factory. Flower-Power-Farben und -Formen nehmen erotischen Plüschaugen jede Scheu. Karim Rashid hat dem Bremer Produzenten von Erotikspielzeug einen transparenten und lichten Flagshipstore eingerichtet, der fern schmuddeliger Klebrigkeit ist.

Der Laden verkauft nicht nur Vibratoren in vielen Formen und Farben, stoßende Pulsatoren, Dildos und Liebeskugeln aus eigener Produktion, sondern auch Accessoires anderer Hersteller, die das erotische Spiel aufpimpen. Alles soll vor allem Frauen Spaß machen. Die Lustspender haben nette Namen wie »Patchy Paul«, »Lavaspot« und »Amorino« und sind dabei so schmuck, dass frau sie sich ins Regal stellen kann. Einige können über USB-Kabel aufgeladen werden. Peinliche Fragen gibt's nicht, Scheuen erläutern kleine Booklets mit Zeichnungen, wie der motorisierte Silikon-Otto luststeigernd einzuführen oder aufzulegen ist. Schließlich hat nicht jede schon Bekanntschaft mit ihrem G-Punkt gemacht.

Mehr Magie als die Spielzeug-Ausstellung entfaltet das kleine diskrete Boudoir für Dessous im Erdgeschoss. Dort gibt's kinky Lingerie, die eher für die junge denn für die reife Frau gedacht ist, die gern ein bisschen mehr von allem hat. Der Feuer- und Eis-Effekt der Dragon Creme lädt zum Experiment ein, das aromatisierte Körperöl entzückt orale Naturen. Für diskrete Blickkontakte liegen venezianische Masken bereit. Die glitzernde Spreizstange und die Peitsche mit Puschel laden zur Demutsübung, für gewisse Clubs gibt's hier die nötige Latex-Clubwear. Für US-Verhältnisse vielleicht gewagt, Europäerinnen wärmen sich hier für den Junggesellinnen-Abschied an.

Übrigens finden auch Männer Kleinode, um Penis, Eichel oder Prostata »Hallo, wach?« zu sagen. »Sagen Sie nichts gegen Masturbation«, sprach Film-Großmeister Woody Allen, »das ist Sex mit jemandem, den ich sehr liebe«.

Adresse Oranienburger Straße 92, 10178 Berlin (Mitte), Tel. 030/28046366, www.funfactory.de, info@funfactory.com | **ÖPNV** S 5, 7, 75, Tram 12, M 1, M 4, M 5, M 6, Haltestelle Hackescher Markt | **Öffnungszeiten** Mo–Do 11–20 Uhr, jeden 2. Do im Monat bis 22 Uhr, Fr–Sa 11–21 Uhr, sommers auch noch eine Stunde länger | **Tipp** Hedonistische Nachtschwärmer gehen Fr–So in den Kitkat Club, Köpenicker Straße 76 (Mitte), Eingang über Brückenstraße. Dresscode beachten.

32 __ Fußfetifisch

Kitzel durch kleine Fische

Jemand, der seine Füße nackend oder nur mit zartem Schuhwerk bekleidet ans Tageslicht lässt, sollte wissen, wozu Pediküre gut ist. Alles, was an Bilbo nach seiner Reise durch Mittelerde erinnert, also Schmutz, zottige Haarbüschel, lange Nägel, muss weg. Will der Hipster sich nicht selbst ans Raspeln, Schaben und Schneiden machen, geht er zu Fußfetifisch, dem trendigen Fisch-Spa in der Danziger Straße.

Schon von außen sieht der Kunde einen klar designten Laden mit acht Aquarien. Alles, was er tun muss, ist: flugs Füße waschen und dann ab mit ihnen ins Fischbecken. Sofort stürzen sich Dutzende flinker Fischlein mit breiten Mäulchen auf die eiweißreiche Beute, genannt Hornhaut. Die Behandlung von 20 bis 40 Minuten belebt und entspannt, fördert die Durchblutung und Erneuerung der Haut und macht sie weich, verspricht die Inhaberin. Das ist die gute Nachricht.

Die schlechte Nachricht ist: Es kitzelt am Anfang – den einen mehr, den anderen weniger. Hysterisches Giggeln mischt sich mit baritonalem Lachen. Gäbe einen prima Proberaum fürs Lach-Yoga ab. Zweiter Einwand: Die Rötlichen Saugbarben knibbeln nur die obere Hornhautschicht ab. Harte Nägel und Schwielen sieht ihr Speiseplan nicht vor, dafür fehlen ihnen die Beißer. Also könnte eine ordentliche Pediküre hinterher immer noch notwendig sein.

Die Fische im Fußfetifisch ruhen nach jedem Gast mindestens eine Stunde. »Den Fischen geht es gut«, sagt die Inhaberin auf besorgte Nachfrage, »wenn sie nicht glücklich sind, knabbern sie auch nicht.« Ohnehin dürften nur gesunde Füße ins Becken, um das Wohlbefinden von Mensch und Tier zu erhalten.

In einigen Bundesländern sind Fisch-Spas verboten, aus Tierschutz- wie aus Hygienegründen. Die Fisch-Pediküre ist dennoch im Kommen. Die russische Zarin Anna Leopoldowna, die sich am Hofe sechs Fußkitzler hielt, wäre entzückt. Auch die Berliner sind enthusiasmiert, nicht nur der Sommer-Füße wegen.

Adresse Danziger Straße 26, 10435 Berlin (Prenzlauer Berg), Tel. 030/54598957, www.fussfetifisch.de, mail@fussfetifisch.de | **ÖPNV** U 2, Tram 12, M 1, M 10, Haltestelle Eberswalder Straße, Tram M 10, Haltestelle Husemannstraße | **Öffnungszeiten** Di–Sa 12–20 Uhr (nach Voranmeldung!) | **Tipp** Macht auch Spaß: Bei Ars Vini (www.arsvini.de), Sredzkistraße 27, Fondue (in vielen Varianten) zusammen essen.

33__ Galerie Spandow
Grundkörper der Kultur

Spandau liegt für Nicht-Spandauer schon *jottwede*, janz weet draußen vor der Stadt. Das ist mehr eine gefühlte als eine reale Distanz,
denn in einer halben Stunde ist man von Mitte dort.

Hinter dem stattlichen »Brose-Haus« mit dem Carillon am
Markt versteckt sich ein lauschiger Handwerkerhof, der aufs Jahr
1760 zurückgeht. Dort hat Katrin Germershausen, vierte Generation Brose, 1987 ihre Galerie für zeitgenössischen Design-Schmuck
und Trauringe, Kunst und Kultur eröffnet. Da blickte die Familie
Brose bereits auf eine hundertjährige Juwelier-Tradition zurück. Im
früheren Pferdestall, einem liebevoll restaurierten Fachwerkhaus,
sind Schmuckgalerie und Goldschmiedewerkstatt untergebracht.
Die informelle und abstrakte Malerei findet in der Remise einen
eigenwilligen Rahmen. Der Kunstsalon für Theater, Kabarett, Le-
sungen, Konzerte und Weinproben ist im ersten Obergeschoss des
Seitenflügels zu Hause. Alles zusammen – ein Kleinod.

Goldschmied Helge Mischler, ein wacher Fünfziger, verantwor-
tet das Galerieprogramm. »Interessant ist die Idee, welche hinter
einem Design steht und wie sie umgesetzt wird. Das Schmuckstück
muss sinnschlüssig sein, gleichwohl ob aus Kunststoff oder Platin
mit Brillanten gefertigt«, umreißt Mischler das Auswahlprinzip. In
die Ohrringe von Christine Köppel können eine Korallen-Bommel,
eine Tahiti-Perle, ein gefasster Aquamarin oder Würfel aus Jett
(versteinertes Holz) eingefädelt werden. Gitta Pielckes emaillierte
Fröschlein setzen wie zum Sprung an, das kleine Goldkrönchen
auf dem Kopf verrät den auf Verwandlung wartenden Prinzen. Die
Ringe von Monika Seitter kombinieren luzide farbige Kunststoff-
spiralen mit synthetischen Steinen, die individuell kombiniert werden können. Susanna Kuschek hat hochbewegliche Halsketten und
Armbänder entworfen, die Ernst machen mit dem, was das Wort
Schmuck eigentlich bedeutet: etwas, was sich anschmiegt. Ein schönes Dekolleté lohnt jeden Weg.

Adresse Fischerstraße 28, im Brose-Hof, 13597 Berlin (Spandau), Tel. 030/3331414, www.galerie-spandow.de, info@galerie-spandow.de | **ÖPNV** U 7, Haltestelle Altstadt Spandau, S 9, 75, Haltestelle Spandau | **Öffnungszeiten** Mo–Mi 10–19 Uhr, Do–Fr 10–20 Uhr, Sa 10–16 Uhr | **Tipp** Die Nicolai-Kirche, eine dreischiffige gotische Hallen- kirche, ist eines der wenigen erhaltenen mittelalterlichen Gotteshäuser aus den Ursprüngen der Stadt Berlin.

34__Galerie Theis

Über-Irdisch

»Im Grunde ist das Töpfemachen ja immer die gleiche Sache – und eine ganz einfache. Man nimmt etwas Erde, Dreck, sagte einmal jemand zu mir – und formt daraus ein möglichst hohles Gefäß!«, zitiert Heinz-Joachim Theis den Bauhaus-Töpfer Otto Lindig. Dessen Bonmot könnte Theisens Credo sein. In seiner Galerie sammelt er seit 1986 Keramik der letzten 100 Jahre aus dem deutschen Kulturraum, sofern das Gefäß eine zeitlose Form und edle Glasur hat. Das klingt banal, braucht doch jede Keramik eine Glasur, um wasserfest zu sein – bis man die Herrlichkeit sieht: Die ruhig bauchige Vase von Werner Gnegel hat eine Zinkoxid-Kristallglasur, die eine marmorn kühle, glatte Haptik und wild verlaufende kristalline Kringel auf türkisfarbenem Untergrund hervorbringt. Angefacht im Prozess des Brennens und durch die Kontrolle der Temperatur zusammen mit der richtigen Glasurmischung.

Ganz anders arbeitet Petra Benndorf, Jahrgang 1967, aus Rostock. Ihr frei gedrehtes Porzellan in Reservage-Technik, die wir ähnlich vom Batiken kennen, hat keinerlei Farbigkeit, bezaubert vielmehr durch seine durchscheinende, fragile Materialität.

Martin Mindermann, Jahrgang 1960, pflegt die kultivierte Form der Pyromanie. Er nimmt den rot glühenden Scherben aus dem Ofen und legt ihn in eine Grube, die mit Holz- und Sägespänen gefüllt ist. Durch den Temperaturschock reißt die Glasurhaut, ein Craquelé-Netz zeichnet sich unterschiedlich tief auf dem Scherben aus. Die Flammen schlagen kurz hoch, dann kokelt es vor sich hin. Der Qualm aus dem Schmauchbrand zieht in die verletzte Haut des Scherbens ein. Dunkle grafische Strukturen überziehen die Raku-arbeit.

Theis' Kenntnisse der Irdenware sind frappant, seine Erläuterungen verraten den Liebhaber, zu dem er geworden ist, nachdem er Flugzeugmechaniker und Philologe gelernt hatte. Wer Theis zuhört, möchte seine Passion für die unterschätzte Irdenware mit ihm teilen.

Adresse Schustehrusstraße 15, 10585 Berlin (Charlottenburg), Tel. 030/3212322, www.galerietheis.de, info@galerietheis.de | **ÖPNV** U 7, Bus M 45, Haltestelle Richard-Wagner-Platz, Bus 109, Haltestelle Haubachstraße | **Öffnungszeiten** Mo 17–18 Uhr, Di–Sa 14–18 Uhr und nach Vereinbarung | **Tipp** Unbedingt sehenswert ist das Keramik-Museum Berlin (www.keramik-museum-berlin.de) gleich nebenan im ältesten Bürgerhaus Charlottenburgs.

35 Gangart

Wie geht's?

Die Mommsenstraße ist der Ku'damm zum Wohnen. Flanieren ohne Autolärm, sehen und gesehen werden und Kaviar to go. Alt-Playboy Rolf Eden lebt hier, neben anderen Menschen, um deren Wohl Personenschützer besorgt sind. Doch was hilft alle Weltläufigkeit, wenn die Schuhe zu eng sind?

Als Beate Keydel 1988 das Geschäft für Naturschuhe übernahm, füllten noch Ökotreter die Regale. Sie bleibt überzeugt: Bequemschuhe können Raffinement besitzen und dürfen auch farblich ein Statement abgeben. Der Schnürer kombiniert ornamental bedrucktes Glattleder mit Kalbfell, kommt ohne Kappen hinten wie vorne aus, was empfindlichen Füßen konveniert. Die kirschrote Sandalette macht einen hübschen Fuß durch einen mittelhohen, sich nach unten verjüngenden Absatz und Blütenapplikation. Die Sandalen mit Plateausohle locken mit Pünktchen, andere haben eine hübsch perforierte Oberfläche. Die Herren finden anzugtaugliche Schnürschuhe mit Ledersohle genauso wie Veloursleder-Sneaker, die durch farblich abgesetzte Schnürsenkel punkten.

Das gesamte Sortiment zeichnet sich durch kompromisslos fußgerechte Passform aus: herausnehmbares Fußbett und Zehenfreiheit, höchstens mittelhohe Absätze, dämpfende Sohlen, die auch auf hartem Untergrund einen weichen Auftritt ermöglichen. Keydel liegt auch die umweltfreundliche Herstellung am Herzen. Ihr Laden war 1991 der erste in Berlin, der Think! führte. Das österreichische Label verwendet bei den Teilen, die direkt Kontakt zum Fuß haben, vegetabil gegerbtes Leder, und sein Leisten engt nicht ein. Wer Einlagen tragen muss, findet in den großzügigen Räumlichkeiten geduldige Beratung und passendes Schuhwerk. Im Untergeschoss warten Modelle der letzten Saison auf Schnäppchenjäger.

Wessen Fußgewölbe unter der Last der Verantwortung oder eines Babybauches nachgegeben haben, freut sich über diese Schuhe, die mit Gesundheitslatschen nichts mehr gemein haben.

Adresse Mommsenstraße 45, 10629 Berlin (Charlottenburg), Tel. 030/3234684, www.gangart-naturschuhe.de, shop@gangart-naturschuhe.de | **ÖPNV** S 5, 7, 46, 75, Haltestelle Charlottenburg, U 7, Bus 309, Haltestelle Wilmersdorfer Straße, Bus 101, Haltestelle Mommsenstraße | **Öffnungszeiten** Mo–Mi 11–19 Uhr, Do–Fr 10–20 Uhr, Sa 10–18 Uhr | **Tipp** Riccardo Cortillone verkauft in seinen zehn Läden Frauen keine Schuhe, sondern schöne Beine.

36__Globetrotter Ausrüstung

Kippstabil in der Kältekammer

Der Steppke fixiert den Boden, während ihn der Papa an der Kletterwand sichert. »Lieber Ameisen gucken«, sagt er und strampelt mit den Beinen, bis der Vater seufzend nachgibt. Die Blattschneiderameisen-Kolonie ist der Hingucker im Kinderland des Outdoor-Ausstatters. Durch das Plexiglas beobachtet der Blondschopf geduldig, wie die Tierchen emsig Blattwerk durch Röhren schleppen. Fühlkästen, Dunkelkammer und Klangstation gibt's auch.

Globetrotter Ausrüstung bietet auf 4.800 Quadratmetern viele Chancen, Produkte unter Belastung zu testen: Wanderer können Schuhwerk auf Schotter, Geröll, Granit und Kopfsteinpflaster ausprobieren und auf dem abschüssigen Laufband auch herausfinden, ob der Stiefel richtig sitzt. Für eine Expedition auf Spitzbergen sucht ein Kunde einen Schlafsack, in dem er die eisigen Temperaturen übersteht. Auf der Liege in der Kältekammer spürt er in aller Seelenruhe bei 20 Minusgraden nach, ob das ausgeguckte Produkt warm genug hält. Währenddessen blasen drei Ventilatoren auch noch Wind herein, eine Wärmebildkamera zeigt an, wo er Körperwärme verliert. Ein 15 mal 8 Meter großes Wasserbecken wartet auf Kunden, die die Kippstabilität eines Bootes im Wasser prüfen wollen. Camper dürfen Zelte auf einer präparierten Freifläche aufbauen und darin Probe wohnen. Viele der 90 VerkäuferInnen beraten spürbar aus eigener Outdoorbegeisterung heraus, was nicht selbstverständlich ist.

Wo früher reine Funktionalität überzeugte, sorgt sich der Großstadtabenteurer nun auch um den modischen Look. Derzeit seien die nordischen Marken Bergans, Norröna, Haglöfs und Fjällräven schwer gefragt, erzählt der Berater. Die Kundin an der Sonderfläche von Elkline liest prustend Modell-Bezeichnungen vor: »daschauher«, »hosimittermeyer« oder »kkmd – kommt keine Mücke durch«. Der Elkline-Elch hinterm Steuerrad hat es so schon zum Kult-Shirt gebracht. »It's a smile that cheers your day!«

Adresse Schloßstraße 78–82, 12165 Berlin (Steglitz), Tel. 030/8508920, www.globetrotter.de, shop-berlin@globetrotter.de | **ÖPNV** S 1, U 9, Bus M 82, M 85, X 83, 148, 170, 186, 282, 283, 380, 385, Haltestelle Rathaus Steglitz | **Öffnungszeiten** Mo – Fr 10 – 20 Uhr, Sa 9 – 20 Uhr | **Tipp** Die Welt in einem Garten ist nur ein paar hundert Meter entfernt: Botanischer Garten Berlin, Eingang: Unter den Eichen 5 – 10 (www.bgbm.org).

37 _ Handmade BERLIN

Nadelspiel-Lounge

Kronprinzessin Sophie Dorothea nannte ihr Schloss an der Spree »Monbijou«, »mein Kleinod«. Auch wenn das Schloss der Spitzhacke zum Opfer fiel: Der Name »Monbijou« ist der grünen Oase in Mitte geblieben.

Nach ihrem Ausstieg aus dem TV-Nachrichten-Geschäft eröffnete Tanja Lay dort vor fünf Jahren Handmade BERLIN. Das mag etwas müslimäßig klingen, doch das täuscht. Die gelernte Kunstgeschichtlerin und Medien-Designerin versammelt in transparenten Regalen und luftiger Atmosphäre exklusive Strickgarne kleinerer Produzenten: Seide mit Seetang aus einer kleinen Schweizer Spinnerei, die allergischer Haut guttut und in Berlin eingefärbt wird; waschbares Papiergarn aus Finnland; kostbare, schmeichelzarte, ungefärbte Angorawolle in vier Tönen; japanisches Seidengarn mit feinem Edelstahlkern, der einen lässigen Knittereffekt macht; Shetland Lambswool in stolzen 50 Farben, mit denen sich zart abgestufte Fair-Isle-Muster zaubern lassen; weiche und doch strapazierfähige Sockenwolle in 43 verschiedenen Farbverläufen; Fellimitat- und Picotgarne. Auch wenn die Naturmaterialien überwiegen: Verspielte Strickkünstler finden auch einige Effektwollen. Günstig sind diese sehr besonderen Garne nicht, doch lässt sich auch Merino- oder Leinengarn unter fünf Euro das Knäuel finden.

Anders als üblich sind viele Garne auf Konen gewickelt und werden im Laden maschinell nach Metern abgemessen. Gerade bei Wollen mit Farbverläufen verhindert das die unschönen Sprünge im Farbverlauf, die sonst beim Knäuelwechsel auftreten.

Chanel, Missoni oder Nina Ricci arbeiten mit diesen Garnen. Auch Tanja Lay entwirft selbst – minimalistische Stricksachen für »Verena« oder »Stricktrends«, die alle DIY-Biederkeit hinter sich lassen. Übrigens lässt sich in diesem Schmuckstück – und auf seiner Terrasse – auch sehr angenehm unplüschig bei Kaffee und Panini relaxen. Nicht nur Prinzessinnen wissen das zu schätzen.

Adresse Monbijouplatz 9, 10178 Berlin (Mitte), Tel. 030/97005515, www.handmadeberlin.net, info@handmadeberlin.com | **ÖPNV** S 5, 7, 75, Tram 12, M 1, M 4, M 5, M 6, Haltestelle Hackescher Markt, Tram 12, M 1, Haltestelle Monbijouplatz | **Öffnungszeiten** Di, Mi, Fr 12–19 Uhr | **Tipp** An warmen Sommerabenden: Vor traumhafter Kulisse Open Air Milonga (Tango) in den Arkaden vor der Alten Nationalgalerie.

38__Harb

Levantinische Lebensart

Man wähnt sich in Beirut, betritt man den schlichten Laden des Libanesen Adib Harb. Lampen mit Perlschnüren, feine Intarsienarbeiten, klirrende Bauchtanz-Accessoires, orientalische Musik und Shishas, Tajinen und Kalebassen für Matetee, Seifen aus Aleppo, Rassoul-Tonerde aus dem Atlasgebirge, Medjool-Datteln mit Walnüssen, Salz-Zitronen, Mürbteigkugeln mit Dattelmusfüllung, Konfekt mit Rosenblättern, Nanaminze, Lavashak, Fladen aus getrockneten Äpfeln, Pulver aus der Felsenkirsche, gehobelte Saubohnen, Tamarinden, Schwarzkümmel- und Arganöl, Weihrauch und Myrrhe aus dem Jemen. Eine fremde Welt. Eine faszinierend reiche Kultur.

Adib Harb, 72, führt dies Geschäft genau 30 Jahre. Eigentlich sollte der Volkswirtschaftler ein Generalkonsulat in Westberlin aufbauen, der libanesische Bürgerkrieg machte alle Pläne zunichte. Aus dem Handelsattaché wurde der erste große Importeur libanesischer Produkte. Auch und gerade der libanesische Wein lohnt die Verkostung. Nirgendwo reicht die Tradition des Weinbaus weiter zurück. Schon vor 5.000 Jahren haben dort die Phönizier Pionierarbeit geleistet. Harb vertritt das Weingut Château Ksara im Bekaa-Tal, das biblische Kanaan. 1857 von Jesuiten gegründet, produziert das Gut Weiß- und Rotweine, die sich an französische Vorbilder anlehnen und doch eigenständig bleiben, gereift in alten Kellerhöhlen. Der Christ Adib Harb verkauft neben Wein auch diverse Araks, ein Trester, der mit Anis aromatisiert wird.

In Berlin leben etwa 50.000 Migranten aus arabischen Ländern, zwei Drittel davon stammen aus dem Libanon oder sind als Flüchtlinge über den Libanon nach Deutschland gekommen. Dass das nicht alles kriminelle arabische Großfamilien sind, lässt sich an Adib Harb studieren. Der Mann ist mit jedem Satz und allem Tun ein beeindruckend kultivierter und aufrechter Botschafter seines Landes. Ein gerader Weg führt immer nur ans Ziel, sagt er zum Abschied.

Adresse Potsdamer Straße 93, 10785 Berlin (Tiergarten), Tel. 030/2611936, www.harb-gmbh.de, info@harb-gmbh.de | **ÖPNV** U 1, Bus 106, M 48, M 85, Haltestelle Kurfürstenstraße | **Öffnungszeiten** Mo–Fr 9–19 Uhr, Sa 9–16 Uhr | **Tipp** Arabisches Fingerfood und leckere Maza gibt's im Casalot, einem arabischen Restaurant im Erdgeschoss eines Plattenbaus (Claire-Waldoff-Straße 5, 10117 Berlin-Mitte, Tel. 030/22572210).

39___Hase Weiss

Eine Nase für Kinder

Vielleicht ist es Zufall, wahrscheinlich eher nicht: Einige der schönsten Berliner Läden gehören Architektinnen. Ihre Produkte sind ehrlich, durchdacht, ästhetisch, langlebig, mit Liebe zum Detail gestaltet. Anna Pfeiffer ist eine von ihnen. Sie entwirft Möbel, Spielzeuge, Schulranzen und Kleidung für Kinder.

2004 hatte alles damit begonnen, dass sie für ihren Nachwuchs keine Sitzbank fand, die ihrem Anspruch genügte. Möbel sollten sich an die Lebensphasen der Kids so anpassen, dass nicht dauernd Neues angeschafft werden muss, findet sie. Ihr Kinderherd lässt sich in einen Hocker oder ein Schränkchen verwandeln. Der Kaufmannsladen kann Schreibtisch-Container werden. Die Möbel-Würfel wachsen zu Regalen zusammen. Durch die schlichte Gestaltung überstehen die Möbel auch Phasen mit Lillifee- oder Fußball-Stickern. Die harmonischen Farben kann man lange Zeit ansehen, ohne an den Augen Schaden zu nehmen. Neben Möbeln lässt sie auch ein modulares Puppenhaus aus Holz fertigen. Im Advent stellt jedes Zimmer eine andere Märchenszene aus. Beeindruckend, was zauberische Phantasie aus zurückhaltender Gestaltung machen kann.

Eine Berliner Werkstatt schreinert die hochwertigen Möbel aus MDF-Platten, die robusten Ranzen und Taschen aus Spaltleder kommen aus Polen. Die sogenannten Reifentiere aus Nadelholz erzählen von erzgebirgischer Handwerkstradition. Eine Spandauer Behindertenwerkstatt stellt das Schaukelpferd her. Die kuschligen Stricksachen lässt Hase Weiss in Peru aus einer Alpaka-Baumwoll-Mischung stricken und unterstützt so eine Frauen-Kooperative. Bling-Bling, knallbuntes Plastikzeugs, Piraten, Feen oder rosa Einhörner sucht man hier vergeblich. Das Credo: keine Billigprodukte aus Fernost, bei denen mindestens 40 Prozent Ausschuss umweltbelastend entsorgt werden muss.

Eine solche Witterung für eine Marktlücke könnte man naseweis nennen. Dass sich das auf Hase Weiss reimt, ist Zufall, oder?

Adresse Windscheidstraße 25, 10627 Berlin (Charlottenburg), Tel. 030/31996737, www.haseweiss.de, info@haseweiss.de | **ÖPNV** S 5, 7, 46, 75, Haltestelle Charlottenburg, U 7, Bus 309, Haltestelle Wilmersdorfer Straße | **Öffnungszeiten** Mo−Fr 10−18, Sa 11−14 Uhr | **Tipp** Die nahe Leonhardtstraße ist eine Dorfstraße in großstädtischer Lage mit netten Läden zum Bummeln und Leutegucken.

40___Herbathek

Kräuter-Kundige auf Mission

An der Kollwitzstraße mit den sanierten Altbauten reihen sich Läden wie Perlen an der Schnur, die schöne Klamotten, edle Accessoires und Schmuck, ausgewählte Weine und Feinkost feilbieten. Eine einzige Verführung zum Schlendern, Genießen und Sich-was-Gutes-tun. Während bei den »Wohlfühlern« im Haus 75 Befindlichkeitsstörungen weggeknetet, pilatisiert oder getanzt werden, geht es im Haus 76 feinstofflicher zu.

Der Biologe Jens Jakob, aus einer rheinischen Apothekerfamilie stammend, und seine Frau Anja haben sich den Heilkräutern und -pflanzen verschrieben. Ihre Herbathek ist der italienischen »erboristeria« nachgebildet und kombiniert traditionelle Kräuterapotheke, Naturdrogerie und Bioladen. Mit 2.000 Produkten, darunter fast 400 sortenreine Heilkräuter aus ganz Europa, wann immer möglich bio-zertifiziert, hat das Paar ein Sortiment aufgebaut, das seinesgleichen sucht. Es reicht von Algenpräparaten, Kräuteressenzen, Probiotics und ätherischen Ölen über Pflanzenpresssäfte, Propolis und Nahrungsergänzungsmittel bis zu Vitalpilzen, wie die TCM sie anwendet, und Tees zur Leber- und Gallenblasenreinigung. Wer sich abseits vom Nützlich-Gesunden was Gutes tun möchte, wird bei der Phytokosmetik und den Düften von L'Erbolario fündig.

Die beiden Überzeugungstäter in Sachen Kräutermedizin beraten kundig – innerhalb der Grenzen des deutschen Arzneimitteltelgesetzes und gestützt auf Überlieferung und langjährige Erfahrung. Oder sie ziehen eine mitarbeitende Heilpraktikerin hinzu. Ein Stockwerk tiefer, in der Manufaktur, werden die Kräuter abgepackt und das Erntejahr der Rohstoffe akribisch vermerkt. Der Biologe weiß: Tees sind nur zwei bis drei Jahre haltbar, danach beginnen unerwünschte Abbauprozesse.

Die Kirchenlehrerin und Mystikerin Hildegard von Bingen hätte sich über die Herbathek gefreut, war ihr die Volksmedizin doch ein Anliegen. Sie wusste: Gegen alles ist ein Kraut gewachsen.

Adresse Kollwitzstraße 76, 10435 Berlin (Prenzlauer Berg), Tel. 030/25797021, www.herbathek.com, info@herbathek.com | **ÖPNV** U 2, Haltestelle Senefelder Platz, Tram M 2, Haltestelle Marienburger Straße, Tram M 2, M 10, Haltestelle Prenzlauer Allee | **Öffnungszeiten** Mo – Fr 10 – 19 Uhr, Sa 10 – 16 Uhr | **Tipp** Mürrische Kinder macht der abenteuerliche Bauspielplatz in der Kollwitzstraße 37 froh.

41 Hering Berlin

Auf Hering serviert

In Berlin gibt es jede Menge Designer. Viele sehen sich im internationalen Markt. Wenige sind es. Die Porzellandesignerin Stefanie Hering ist eine der wenigen. Lange Zeit ist sie der Geheimtipp aus Kohlhasenbrück, auch wenn sich einige der ersten Häuser in Sachen Ess-Kultur mit ihrem Porzellan eindecken, auch wenn sich Arbeiten von ihr in renommierten Sammlungen finden. Drei Viertel der Produktion gehen in den Export.

Stefanie Hering hat Keramikerin gelernt und im Westerwald Design und Werkstofftechnik studiert. Dann ging sie ins wilde Nachwende-Berlin der 1990er Jahre. Seither macht sie: Biskuitporzellan, pures raues Porzellan, das un- oder teilglasiert ist. Es ist durch das Drehen so extrem verdichtet, dass es eine Härte fast wie Diamant erlangt und bruchfest wird. Die meisten Produkte sind vielfältig nutzbar, oft stapelbar und spülmaschinenfest sowieso. Das klassische Tafelservice sucht man indes vergeblich.

Die Teller werden in einer Manufaktur im thüringischen Reichenbach mit Maschinen in Formen eingedreht, dann wird jede Oberfläche von Hand gearbeitet und gewinnt die besondere Oberfläche: samtig glatt, fein geschliffen, ausgewaschen, in feiner Linienstruktur, perforiert, mit Diamantschwamm poliert oder mit Scherenschnitt dekoriert. Auch ihre Trinkgläser, mundgeblasen in der Glashütte Theresienthal, Lampionvasen, Kristallglas-Leuchten und Tischwäsche aus seltenem Schaftplissee zeigen handwerkliche Kunst, klare Formensprache, flexible Funktionalität und Herings Vertrauen in die Materialität.

2013 erhielt Hering den Designpreis der Bundesrepublik Deutschland in Gold und eröffnete den eleganten Flagship-Store im Waldorf Astoria. Stahlregale, Rosshaarpaneele an den Wänden, eine mit Schultafellack lackierte Decke, dunkle Basalttische schenken dem weißen Gold die richtige Bühne. In Paris, London, Singapur und Katar kennt man Hering Porzellan schon. In Berlin bald auch?

Adresse Hardenbergstraße 27, 10623 Berlin (Charlottenburg), Tel. 030/88917571, www.heringberlin.com, flagship@heringberlin.com | **ÖPNV** S 5, 7, 75, U 1, 2, 9, verschiedene Buslinien, Haltestelle Zoologischer Garten, Bus 245, M 45, Haltestelle Jebensstraße | **Öffnungszeiten** Mo–Fr 10–19 Uhr, Sa 10–18 Uhr | **Tipp** C/O Berlin (www.co-berlin.org) stellt nun im Amerikahaus (Hardenbergstraße 22) Fotografie und visuelle Medien aus. Sehenswert!

42___HERRLICH

Nicht nur das eine

Gundula Hoburg und Michael Becker verkaufen Männergeschenke. Eigentlich ist damit alles gesagt. Jeder begreift sofort, dass dieser Laden eine echte Problemlösung offeriert: ein Dankeschön, ein Mitbringsel oder einfach ein Geschenk, das dem besten Freund, dem Schwiegervater, dem Kollegen oder dem erwachsenen Sohn gefällt. Noch vor zehn Jahren fand man zum Stichwort »Männergeschenk« nur anzügliche Produkte, den Aschenbecher in Penisform oder ein T-Shirt mit Sprüchen wie »Bier formte diesen wunderbaren Körper«.

Hoburg und Becker versammeln mit viel Gespür Dinge, die auf die Bedürfnisse von Männern antworten und oft eine erdige Anmutung haben: die Espressomaschine für das Auto, die über den Zünderanschluss die Energie bezieht, um 16 bar Druck zu erzeugen, oder das Laguiole-Messer zum Zusammenbauen. Es gibt Öl und Bürsten, um den modischen Vollbart zu pflegen. Die Taschen des Labels Feuerwear werden aus ausgemusterten Feuerwehrschläuchen gefertigt, die viele Jahre gemeinsam mit Feuerwehrleuten Leben gerettet haben – sagt der Hersteller. Natürlich gibt es auch Taschen aus den Schläuchen von Autoreifen. Für die knifflige Rohr-Reparatur unter der Küchenspüle ist eine Taschenlampe vorrätig, die durch eine biegsame Teleskopverlängerung ums Eck leuchten kann. Auch an die Papas ist gedacht: ein Chill-Schnuller im Schnurrbart-Design ergänzt die Baby-Betriebsanleitung. Irgendwann muss der Mann ja Verbindung zur Neuanschaffung aufnehmen, den Fehler bei akustischen Signalen suchen, den Fütterungsprozess einleiten oder den Schlafmodus anknipsen. Die knuffigen Teddys gucken erstaunlich ernst.

Männer kaufen sich das, was sie für nützlich oder schön erachten, gleich selbst, wenn sie's irgendwo sehen, hat Hoburg beobachtet. Und dann heißt es: »Du brauchst mir nichts schenken, Schatz. Ich hab doch schon alles.« Was Herrlich im Sortiment hat, haben die meisten Männer noch nirgends gesehen.

Adresse Bergmannstraße 2, 10961 Berlin (Kreuzberg), Tel. 030/7845395, www.herrlich-berlin.de, info@herrlich-berlin.de | **ÖPNV** U6, 7, Bus 140, M19, Haltestelle Mehringdamm, Bus 248, Haltestelle Marheineke Platz | **Öffnungszeiten** Mo–Sa 10–20 Uhr | **Tipp** Im Viktoriapark steht nicht nur Schinkels Nationaldenkmal in Form eines Kathedralenturmes. Dort findet man auch die mit 66 Metern höchste natürliche Erhebung der Stadt, den Kreuzberg, an dem bis heute Wein angebaut wird.

43 _ Holzapfel

Scharfe Sachen

Was haben ein Berliner Sternekoch aus Mitte und der Elefanten-
pfleger vom größten Landschaftstiergarten Europas gemein? Sie sind
Kunden bei Holzapfel, einem Fachgeschäft für scharfe Sachen. Wer
jetzt an Gewürze oder Triebhaftes denkt, ist auf der falschen Fährte.
Das Geschäft ist aus der Verbindung zweier Holzliebhaber
hervorgegangen, davon kündet die kleine Hobelbank im für Berliner Verhältnisse winzigen Geschäftsraum. Wer hobelt, feilt und
schnitzt, braucht gutes Werkzeug. Die japanischen Messer, die eher
zufällig in die Hände der beiden Handwerker gelangten, haben sie
so begeistert, dass sie Ende letzten Jahrhunderts erst einen, dann
zwei Fachläden für Messer und Scheren, Hobel und Sägen, Äxte
und Schleifsteine aufgemacht haben. Das Angebot ist breit: von der
faltbaren Reiseschere über die altdeutschen Buckelsklingen und robusten Stecheisen bis zum 1,20 Meter großen Spalthammer. Vom
Scharfmachen haben sie hier auch Ahnung, finden den richtigen
Winkel, den passenden Schliff und das adäquate Schleifmittel –
gerne japanische Wassersteine. Kunden werden in zweitägigen Kur-
sen angeleitet, selbst ein Messer zu schmieden.

Die Kessel, Becher, Töpfe und Schalen aus Kupfer sind innen
zinnbeschichtet und stammen aus der über 200 Jahre alten Kupfer-
schmiede im japanischen Gyokusendo, die sie in traditioneller Ma-
nier handgefertigt hat. Holzapfel führt auch Haushaltswaren wie
die Form für gestürzten Apfelkuchen nach der Art der Schwestern
Tatin, die nordafrikanische Tajine, schmiedeeiserne Pfannen und
Siebe aus Metall. Bei diesen althergebrachten Gerätschaften ist das
Material ursprünglich, das Design ohne jeden Schnickschnack, sie
sind robust und eindeutig, eben ganz wie ein Holzapfel, der Urapfel
aller heute bekannten Sorten.

Und was trennt Koch und Tierpfleger? Der Sternekoch lässt bei
Holzapfel seine Messer nachschleifen, der Tierpfleger bezieht hier
seine Hufmesser für die Elefantenpediküre.

Adresse a) Bergmannstraße 25, 10961 Berlin (Kreuzberg) und b) Knaackstraße 20, 10405 Berlin (Prenzlauer Berg), Tel. 030/78990610, www.holzapfel-berlin.de, info@holzapfel-berlin.de | **ÖPNV** a) U 7, Bus 140, 248, Haltestelle Gneisenaustraße, Bus 245, Haltestelle Marheineke Platz & b) Tram M 2, Haltestelle Knaackstraße, Tram M 42, Haltestelle Marienburger Straße | **Öffnungszeiten** Mo – Fr 11–19 Uhr, Sa 11–16 Uhr | **Tipp** Der benachbarte Chamissoplatz (Kreuzberg) und die angrenzenden Straßen aus der Stadterweiterung nach 1871 haben die Kriege fast unbeschadet überlebt.

44__International Wardrobe

Die Welt trägt Pracht

Der Passant eilt achtlos an einem Schaufenster mit exotischen Babykappen aus China vorbei. Dass eine solche Kappe kleine Jungs Tigern ähnlich macht und damit böse Geister abhält, davon weiß er nichts. Wär doch ein prima Taufgeschenk, grinst Katharina Koppenwallner. Seit die Stylistin und Volkskundlerin vor Jahren vergeblich nach einer authentischen rumänischen Trachtenbluse suchte, sammelt und verkauft sie ethnische Mode.

In der Mitte des schlichtweißen Raumes fällt eine meisterlich gearbeitete Kinderjacke auf, die von den Hani stammt, eine der Minderheiten Chinas. Der mehrfach gestaffelte Saum bildet die heimatlichen Reis-Terrassen nach, sein Indigoblau fadet von innen nach außen sanft aus. An den Kleiderstangen ringsum warten mit Kreuzstich bestickte Batist-Kleider, Blusen aus der Bukowina, plissierte Faltenröcke zum Wickeln, Kaftan-Hemden und Tuniken, alte Kimonos und Ikat-Seidenschals der Khmer auf Kunden, die das Besondere suchen. Eine imposante Blech-Krone zeigt, wie prächtig die Hmong ihre Mädchen ausstatten. Bunte Spezialschuhe für Lotusfüße erzählen von vergangenen Zeiten. Koppenwallner bringt aus Südosteuropa, Zentralasien, demnächst auch Südamerika, mit, was sie noch vorfindet an Trachten-Teilen und Heimtextilien. In der Regel sind das Erbstücke ethnischer Minderheiten, die sich so abgrenzen und Identität bewahren wollen. Alle haben eine Geschichte, wurden händisch gefärbt, genäht, bestickt, ornamentiert. Herkunft und Alter sind vermerkt, Koppenwallner kann die Stücke sozialhistorisch einbetten und handwerkliche Besonderheiten erläutern. Symbole von Fruchtbarkeit, Tieren, Pflanzen und Lebensräumen wiederholen sich – Zeichen einer Globalisierung vor der Globalisierung.

Dies ist keine museale Galerie, die alles unterm Glassturz sichert, sondern eine Schatzkammer traditioneller Textilien, die schön sind und erschwinglich dazu. Völkerverständigung zum Anfassen.

Adresse Almstadtstraße 50, 10119 Berlin (Mitte), Tel. 030/50177671, 0172/8082766, www.internationalwardrobe.com, info@internationalwardrobe.com | ÖPNV U2, Tram M8, Bus 142, M8, Haltestelle Rosa-Luxemburg-Platz | **Öffnungszeiten** Do–Sa 12–19 Uhr | **Tipp** Kunst gucken in den Galerien Christian Nagel, BQ und Croy Nielsen und danach Eindrücke sortieren in der minimalistisch eingerichteten Bar 3 (alles Weydingerstraße), direkt hinter Castorfs Volksbühne (www.volksbuehne-berlin.de).

45__Kadó

Die Fachfrau für schwarzes Gold

Vor 1996 war Berlin ein akutes Lakritzmangelgebiet. Schwarzbunte Süßigkeiten im Supermarkt, Salmiakpastillen in der Apotheke – das war's. Dann kam Ilse Böge, aufgewachsen in Ostfriesland, nahe der Grenze zu den Niederlanden, die mit einem jährlichen Pro-Kopf-Verbrauch von zwei Kilo das gelobte Land der Lakritzophilen sind. Ein Jahr testete die studierte Volkswirtin ihre Importe auf Berliner Märkten, 1997 eröffnete sie im Kreuzberger Graefekiez ihr Geschäft. Kadó führt heute Lakritz aus ganz Europa, von Island bis Sizilien.

Böge befreit von dem Vorurteil, man möge Lakritz oder möge es eben nicht. Geduldig erfragt sie die Vorlieben der Kundin, beschreibt Aromen, weckt sensorische Erinnerungen. Jede Sorte ist anders, auf Süßholzwurzelextrakt basieren alle. In romanischen Ländern parfümiert man sich gern den Atem mit schwach süßem, dafür duftendem Lakritz. Starkes Salzlakritz mit ordentlich Salmiak – nur für Erwachsene – ist vor allem in Skandinavien beliebt. Auch mit Lakritz gefüllte Schokoladen und Pralinés kommen von dort.

Berlinbesucherinnen schauen herein, die Kadó als Lakritzversand kennen. Schulkinder aus der Nachbarschaft kaufen für wenige Cent etwas Saures. Man kauft ein paar Wurzeln pur oder lässt sich die Lieblingssorte abwiegen. Mischungen werden zusammengestellt, Präsentkartons und Bonbonnieren gefüllt. Blechdöschen mit Pastillen bieten sich als Mitbringsel an. Mehrmals im Jahr wird Lakritz hier als Menübestandteil verkostet, Frühbuchung empfohlen!

Erstaunlich, wie gut Lakritz mit Aromen harmoniert, mit Minze, Vanille, sogar Veilchen. Böges Erfindung ist ein zart würziges Lakritz, das mit Ingwermazerat von der Preussischen Spirituosen Manufaktur hergestellt wird. Versuchen Sie die eigens für Kadó in Stockholm handgefertigten Lakritztoffees. Sahnig feucht zergehen sie im Mund und beweisen Böges Diktum: »Kadó ist ein Geschenk für alle, die hier auf dem Trockenen saßen!«

Adresse Graefestraße 20, 10967 Berlin (Kreuzberg), Tel. 030/69041638, www.kado.de, info@kado.de | **ÖPNV** U 8, Haltestelle Schönleinstraße, U 7, Haltestelle Südstern | **Öffnungszeiten** Di–Fr 9.30–18.30 Uhr, Sa 9.30–15.30 Uhr und auf Wochenmärkten | **Tipp** Etwas ganz Besonderes erlebt, wer mit dem Berliner Unterwelten e. V. die »Tour F« durch den Geschichtsspeicher Fichtebunker macht. Vorverkauf auf www.berliner-unterwelten.de nutzen!

46 Keramikzauber

Bunzlauer Blau

Ein paar Stufen muss man hinabsteigen in die Welt der Anna Schabowska. Abseits vom Getriebe der Schloßstraße hat sich die junge Polin einen Kindertraum erfüllt, der da hieß: Ich will Bunzlauer Keramik um mich haben.

Bunzlau – heute Bolesławiec – ist eine Kleinstadt in Niederschlesien, etwa 50 Kilometer östlich von Görlitz. Die Töpferei erlangte dort schon Anfang des 16. Jahrhunderts große Bedeutung. Denn der dort geförderte Ton wurde bei bis zu 1260 Grad Celsius gebrannt; so hielt die Keramik daraus sehr hohe und sogar wechselnde Temperaturen aus. Nachdem Preußen dort Ende des 19. Jahrhunderts seine zweite keramische Fachschule angesiedelt hatte, wurde das charakteristische Schwämmeldekor perfektioniert. Bunzlauer Keramik ist für Backofen und Mikrowelle geeignet und spülmaschinenfest. Dass das Geschirr beinahe unkaputtbar ist und cadmium- und bleifrei glasiert wird, hat viel zu seiner anhaltenden und grenzüberschreitenden Beliebtheit beigetragen. Über den Onlineshop trudeln sogar Bestellungen aus Japan und den USA ein.

Zwar wird die Ware heute nicht mehr auf der Töpferscheibe gedreht, sondern industriell gefertigt, aber sie wird noch immer traditionell von Hand dekoriert. Die Keramik im Laden stammt aus dem Keramikwerk Bolesławiec. Auf Tassen, Tellern, Kannen, Schüsseln und Platten leuchtet das typisch blaue Dekor. Mit dem Elefantenohrschwamm werden kleine farbige Ornamente oder auch konzentrische Tupfer in unterschiedlicher Farbe, die Pfauenaugen, auf das helle Feinsteinzeug gesetzt und durch Engobe-, seltener durch Pinselmalerei ergänzt.

Nicht nur Heinrich von Kleist, der dort 1799 mit Freunden und Geschwistern zum Wandern ging, auch der Kabarettist Dieter Hildebrandt, der aus Bunzlau stammte, rühmten die Schönheit dieser Landschaft. Das bauchig hemdsärmelige und kraftvolle irdene Geschirr verströmt eine selten gewordene heimelige Geborgenheit.

Adresse Deitmerstraße 2, 12163 Berlin (Steglitz), Tel. 030/54486889,
www.keramikzauber-berlin.de, shop@keramikzauber-berlin.de | ÖPNV U 9, Bus M 48,
M 85, 186, 282, Haltestelle Schloßstraße, S 1, Haltestelle Feuerbachstraße | Öffnungs-
zeiten Mo – Fr 11–18 Uhr, Sa 11–17 Uhr | Tipp Ebenso traditionell und heimelig, nur auf
italienische Art, ist die nahe Salumeria Francasa, wo man überaus gemütlich einen Espresso
trinken oder Antipasti futtern kann (Zimmermannstraße 7).

47__KlangWerkstatt Deutz
Spielende und Bespielte

Still ist es in der Christburger Straße, die die verkehrsreiche Greifswalder mit dem Szeneviertel um den Kollwitzplatz verbindet. In Bernhard Deutz' Werkstatt wartet Holz darauf, in außergewöhnliche Instrumente verwandelt zu werden. Der Sozialpädagoge und Klangtherapeut beschäftigt sich seit dem Ende der 1980er Jahre mit dem künstlerischen Instrumentenbau. Er begegnete dem Monochord, das mit vielen Saiten bespannt ist, alle auf denselben Ton gestimmt, und entdeckte »den Klangkosmos im einzelnen Ton«.

Die Instrumente, die er entwickelt, sprechen nicht nur das Gehör an, sondern die Wahrnehmung des ganzen Körpers. Deutz' auffälligste Erfindung ist der Klangstuhl: Eine Person sitzt darauf, eine zweite bespielt die Saiten an der Rückenlehne. Dabei, ebenso bei Körpertamburas, Klangwiegen für Babys und Klangliegen, entfaltet sich aus einem Grundton ein Spektrum von Klängen und Vibrationen, die lang nicht enden, wenn die Finger die Saiten nicht mehr berühren. Der Geist wird ruhig, frei, man hört den Gesang der Obertöne oder bekommt Lust, selbst zu singen.

Viele Menschen erleben solche Klänge sehr harmonisch, weshalb sie auch in therapeutischer Arbeit eingesetzt werden. Oft gelingt dabei der Austausch zwischen der spielenden und der »bespielten« Person ohne Worte. Einige Instrumente laden zum Spiel zu zweit ein, wie die Doppelkalimba, andere spielt man für sich. Einer besonderen musikalischen Gabe bedarf es nicht; auch wer nie ein Instrument erlernte, findet überraschend leicht Zugang. Es bereitet ästhetisches Vergnügen, das Holz zu berühren, die hellen Töne von Bergfichte und europäischen Laubhölzern zu sehen.

Hier nähert man sich auf leisen Sohlen: Die Werkstatt ist kein Laden für Laufkundschaft, kein Showroom mit Durchgangsverkehr. Wer sich die Zeit nimmt, lernt die Wirkung der Klänge in einem Kurs kennen oder baut sogar ein eigenes Instrument. Der Lärm der Stadt: vergessen.

Adresse Christburger Straße 31, 10405 Berlin (Prenzlauer Berg), Tel. 030/44056515, www.deutz-klangwerkstatt.de, info@deutz-klangwerkstatt.de | **ÖPNV** Tram M 4, Haltestelle Hufelandstraße, Tram M 4, M 10, Haltestelle Greifswalder Straße/Danziger Straße | **Öffnungszeiten** nur nach Vereinbarung | **Tipp** Wer den Ernst-Thälmann-Park durchquert und das Zeiss-Großplanetarium Prenzlauer Allee besucht, findet himmlische Ausblicke in eine auch tagsüber sternklare Nacht.

48__Königsberger Marzipan Wald

Kann Süßes Sünde sein?

In seiner creme-altrosa-gestreiften Pracht verströmt der Laden eher altmodische Gediegenheit als sexy Retro-Charme. Die Vitrinentheke präsentiert auf silbrigen Tabletts geflämmte Kringel und geriffelte Pralinen, in kleine Schnecken und Falten gelegtes Tee-Konfekt, Figuren, handgroße Herzen mit Fondant-Spiegel, daumendicke Brote und tennisballgroße Marzipan-Pralinés in buntem Stanniol. Letztere haben einen Marzipankern, der mit beschwipsten Früchten, Ingwer, Zitrone aromatisiert und dann in beste belgische Bitterschokolade getaucht wird. Im Laden wird ausschließlich Original Königsberger Marzipan hergestellt und verkauft. Alles ist handgemacht, seit das ostpreußische Mandel-Zucker-Gemisch mit Irmgard und Paul Wald 1947 in Berlin sesshaft wurde.

Zwar gibt es Marzipan in jedem Kaufhaus, doch entscheidet sich seine Güte am Verhältnis von Mandelmasse und Zucker. Ralf Bentlin, der die Manufaktur in dritter Generation leitet, nennt sein Marzipan deshalb ganz unbescheiden das beste der Welt: »Wir benutzen nicht so viel Zucker. Da schmeckt man noch richtig die Mandeln raus.« Und die kommen aus Südeuropa. Nach dem Modellieren wird die Marzipanmasse im Spezial-Gasofen geflämmt, damit der typisch gelb-bräunliche Farbton und eine karamellige Röstnote entstehen. Der »Feinschmecker« adelte den Laden 2012, indem er ihn in seine Empfehlungsliste aufnahm.

Marzipan-Connaisseur Thomas Mann vermutete, »dass man ein Haremskonfekt vor sich hat und dass wahrscheinlich das Rezept zu dieser üppigen Magenbelastung über Venedig nach Lübeck gekommen ist«. Was der Apotheker des Mittelalters noch als Heilmittel pries, daraus machten der Eifer von Konditoren und der Geschäftssinn von Pfeffersäcken eine Liebesmedizin. Heute erklärt die Ernährungskunde solch erstklassiges Marzipan zu einer Diätsünde, die Schokolade in nichts nachsteht. Schade eigentlich.

Adresse Pestalozzistraße 54a, 10627 Berlin (Charlottenburg), Tel. 030/3238254, www.wald-koenigsberger-marzipan.de, info@wald-koenigsberger-marzipan.de | **ÖPNV** U 2, Haltestelle Sophie-Charlotte-Platz, Bus 309, M 49, X 34, Haltestelle Amtsgerichtsplatz, Bus 109, 309, M 49, X 34, Haltestelle Kaiser-Friedrich-Straße/Kantstraße | **Öffnungszeiten** Mo–Fr 10–18.30 Uhr, Sa 10–15.30 Uhr | **Tipp** Marzipan aus Haselnüssen, Pistazien, Persipan oder Nougat stellt Georg Lemke & Co. her (www.marzipanlaedchen.de).

49 Korsett Engelke

Von hemmungslos bis zugeknöpft

Man kann aus jeder Figur was machen, beruhigt die Korsett-Königin aus der Kantstraße. Ursel Rieck muss es wissen, denn sie hat Korselett gelernt und das Geschäft vor 40 Jahren von ihren Eltern übernommen – mitsamt den französischen Höschen, die Vater Engelke entworfen hatte. Nun führt Tochter Antje Fröhlich Korsett Engelke in dritter Generation.

Der Laden hat die prüden 1950er Jahre, dann die Swinging Sixties erlebt, die alles befreiten, auch die Möpse, und dann noch so einiges – und blieb davon unbeeindruckt. Geblümte Auslegware, braune Deckenverkleidung und Neonlicht sind nicht das, was plietsche Ladeneinrichter heute fürs ultimative Einkaufserlebnis empfehlen. Die Miederhosen, Hüfthalter, Korsagen, Torseletts mit und ohne Spitze, Schalen-BHs, Strapse und Strings schlummern in gestapelten Plastikboxen hinter dem Tresen. Als dieser Laden eingerichtet wurde, war Selbstbedienung noch nicht erfunden. Das muss kein Nachteil sein.

Denn frau muss weder Unterbrustweite noch Körbchengröße ansagen, meist genügt »das Maßband im Auge«, und das Richtige wird gereicht. So ist das, wenn man »in den Strapsen geboren« ist, so Ursel Rieck, oder wahlweise »Wäsche im Blut hat«, wie Antje Fröhlich es nennt. Man findet Reizvolles zum Verpacken fester Äpfelchen, knabenhafter Ansätze und praller Brüste – jede Größe und Kombination zwischen 65 und 130 und von AA bis R. Was nicht da ist, wird beschafft oder umgeändert. Selbst für die dicksten Dinger auf dem Planeten ist ein pinkes, geblümt gewirktes Etwas vorrätig, dessen Schalen so groß sind, dass eine Wok-Pfanne darin Platz fände.

Der Ton ist berlinois, Schnauze mit Herz. Legendär die Ermutigung: »Knall it raus, Puppe!« Aber wenn wat mal so janich jeht, wird dit och jesacht! Wo sonst marschiert frau als Problem rein und stolziert als Königin raus?

Adresse Kantstraße 109, 10627 Berlin (Charlottenburg), Tel. 030/3244126, www.korsett-engelke.com, post@korsett-engelke.com **| ÖPNV** U 7, Haltestelle Wilmersdorfer Straße, Bus 309, M 49, Haltestelle Wilmersdorfer Straße/Kantstraße **| Öffnungszeiten** Mo–Fr 10–13 & 15–18.30 Uhr, 1. Sa im Monat: 10–14 Uhr **| Tipp** Fast nebenan, Kantstraße 106, verkauft Harry Lehmann seit 1958 Parfüm-Eigenkreationen nach Gewicht. Völlig aus der Zeit gefallener Laden.

50__Kunsthof

Kiek'n un koof'n

Die Hackeschen Höfe in Mitte kennt jeder. Den Kunsthof an der Oranienburger Straße 27 kaum einer. Der Eingang ist unauffällig, das aufwendig restaurierte klassizistische Ensemble führt eine Aschenputtelexistenz. Die Kunstgewerbe-Ateliers dort dösen unverdientermaßen vor sich hin.

Helena Hanisch hat sich mit ihrem Werkstatt-Laden Helenscraft im weiß getünchten Kellergewölbe einen Traum erfüllt. Die Schweizerin hat ihren Beruf als Lehrerin an den Nagel gehängt und ist nach Berlin gezogen. Am großen hölzernen Webstuhl fertigt sie nun glänzende, anschmiegsame Schals aus Seide, Merino, Kaschmir und hochwertige Tischwäsche aus Baumwolle und Leinen.

Berlindecor ist das Label von Katja Wiedemann, die in der renommierten Porzellanmanufaktur Meißen Malerei gelernt hat. Spezialisiert war sie auf Mingdrachen und Chinoiserien, also Szenen aus dem chinesischen Alltag in der Vorstellung des sächsischen Königshofes um 1710. Mit Hilfe neuer Digitaltechnologie bringt sie nun alte wie moderne Muster auf Kacheln, Tassen, Tapetenbordüren, Stoffe und Tischwäsche auf.

Die Verkaufsgalerie Dutch Art & Design DAD zeigt in wechselnden Ausstellungen niederländische Designkunst, die frisch und humorvoll, minimalistisch und vielfältig anmutet. Große Namen, wie Droog, Moooi, Hella Jongerius, Marcel Wanders, aber auch vielversprechende junge Talente.

Versteckt im Eck näht Andrea Daniela Kiersch im Maßatelier Charming Styles Mode der 1920er bis 1960er Jahre: Prinzesskleidchen, Charlestonkleider, Marlenehosen und ganze Anzüge.

Im Kunsthof hat sich auch ART CRU Berlin niedergelassen, eine Galerie, die Kunst von Menschen mit Behinderung und Psychiatrie-Erfahrung zeigt: »Cru« heißt »roh« und erinnert an den vom Künstler Jean Dubuffet geprägten Ausdruck der »Art brut« – rohe, ursprüngliche Schöpfungen aus fieberhaften Momenten.

Adresse Oranienburger Straße 27, 10117 Berlin (Mitte), www.kunsthof-berlin.de,
www.helenscraft.com, www.berlindecor.de, www.dad-berlin.de, www.charmingstyles.de,
www.art-cru.de | **ÖPNV** S 1, 2, 25, Tram M 1, Haltestelle Oranienburger Straße |
Öffnungszeiten Helenscraft: Di–Sa 12–18 Uhr, Berlindecor: Mo–Sa 11–18 Uhr, Dutch
Art & Design: wechselnde Öffnungszeiten, Charming Styles: Di–Fr 13–18, Sa 11–16 Uhr
und nach Vereinbarung, Art Cru: Di–Sa 12–18 Uhr | **Tipp** Die Tadshikische Teestube im
Kunsthof bietet angenehmes Verweilen in exotischem Ambiente.

51__Leder Hobby

Lederstrumpf in Berlin

Axel Rathmann ist Berliner. Von Geburt, Stand, Herz und Zungenschlag. Davon trifft man nicht mehr so viele in der Stadt, die so zahlreiche Kulturen und Sprachen amalgamiert. Als geborener Westberliner verhält er sich noch immer so, als existiere die Mauer noch, räumt der Mittfünfziger so ungefragt wie freimütig ein. »Dit Brandenburjer Tor kenn ick nur aus'm Fernseher.« Über dem stattlichen Bauch spannt das Harley-Davidson-Sweatshirt, die kräftigen Arme sind tätowiert.

Rathmann kam auf Umwegen zum Leder. Als der Schweinezyklus des Berliner Baugewerbes den Betonbauer in die Arbeitslosigkeit katapultiert hatte, da beschloss er, in die USA zu gehen, das gelobte Land der Biker. Dort, in den unendlichen Weiten, hat er die Verarbeitung derber Rinderhäute gelernt. Und nun schneidet er auch schon 26 Jahre im Wedding Leder zu, fertigt auf Bestellung »allet, außer Klamotten«, färbt und prägt, nietet und stanzt, näht und repariert. Punziereisen, Prägestempel, Flechtzubehör, Zierbeschläge, Conchas, Perlen und Lederfarben sind sein Metier. Die Glasvitrine stellt farbig geprägte Gürtel, Würfelbecher, Geldtaschen aus seiner Hand aus, alles sieht altmodisch unkaputtbar aus. Die Gürtelschnalle hat einen geflügelten Drachenkopf, ist versilbert, handpoliert und hat ein Zinn-Finish. Auch die andere handgravierte Gürtelschnalle mit vergoldeten Sternen und versilbertem Adler ist eher was für kräftige Jungs. Wenn's zarter sein soll, sind auch Gürtel mit keltischem oder floralem Webmuster im Angebot.

Der Hobby-Leder-Werkler findet bei ihm alles: Werkzeug, Materialien, Nieten und Ösen in großer Zahl und Rat – und zwar in jenem Tonfall, den man rau, aber herzlich nennt: »Wissen Se, reich werden kann man bei sowas nich, da musste arbeiten, bis de tot umfällst, och wenn de Beene wehtun und das Kreuz sticht.« Für die recherchierende Autorin hat er kaum Zeit, aber ein Herz: »Sie ham's ja och nich leicht.«

Adresse Seestraße 103, 13353 Berlin (Wedding), Tel. 030/4518510, www.leder-hobby.de, kontakt@leder-hobby.de | **ÖPNV** U 6, Tram 50, M 13, Bus 106, 120, Haltestelle Seestraße | **Öffnungszeiten** Di, Do, Fr 10–18 Uhr, Mi 12–20 Uhr, Sa 10–14 Uhr | **Tipp** In der Seestraße nahm die Köpenickiade eines gewissen Wilhelm Voigt 1906 ihren Anfang. Der Schuhmacher tauchte im Oktober 1906 in Hauptmannsuniform bei der dort stationierten Wachmannschaft auf, unterstellte sie seinem Kommando, fuhr mit ihr nach Köpenick und übernahm dort die Ratsschatulle.

52 Der Lokschuppen

Ein wahrer Lock-Schuppen

Wer träumt von den Abenteuern des Schienenstrangs? Der gestandene Mann natürlich, am besten unbegleitet. Im Steglitzer Lokschuppen findet er sein Eldorado: neue und gebrauchte Modellbahnen jeder Epoche, Größe und Preislage, Dampfloks, ICEs, Wagensets für den Stückgut-Schnellverkehr, Schienen, Brücken, beschrankte Bahnübergänge, fadendünne Lichterketten und Sommerwiesengras in Tüten. Hier gibt es nichts, was es nicht gibt. Auch Autos, Lkws, Menschlein und Tiere liegen, säuberlich getrennt, in tiefen Schüben bereit für die ideale Welt, die der Modellbahner sich schafft, meist ohne Hochhäuser, immer ohne Graffiti auf den Bahnhofsgebäuden.

Während der Handel mit gebrauchten Modellbahnen und Zubehör im Bundesgebiet vor allem auf temporären Börsen stattfindet, sorgt Thomas Dümchen mit vier Geschäften in Berlin und Potsdam kontinuierlich für Nachschub. Und der wird gebraucht, denn so eine Anlage wird nie ganz fertig. »Das Schönste ist das Bauen«, gibt ein Kunde freimütig zu, und Dümchen zitiert mit leiser Ironie und großer Sympathie: »Wir bauen auf und reißen nieder, Arbeit gibt es immer wieder.« Dass im Lokschuppen auch repariert wird, ringt manchem Kunden einen hörbaren Seufzer der Erleichterung ab. Hauptsache, die Lok fährt wieder!

Suchen Sie ein authentisches Souvenir? Sie haben die Wahl aus dem gesamten Berliner Nahverkehr, BVG, S-Bahn und Bus, darunter Stücke aus Kleinserien mit nostalgischen Werbeaufdrucken von »Schultheiss« und »Berliner Kindl«. Auch Reichsbahn-Modelle aus der DDR findet man, PIKO heißt das ostalgische Zauberwort. Bedient und beraten wird mit staunenswerter Detailkenntnis. Selbst echte Lampen, Mützen, Kellen sind zu haben: »Sie können sich bei uns zum Eisenbahnoberrat machen!« Wer hier die Zeit vergisst, will keine virtuelle Smartphone-Lok führen, sondern sich in der analogen Welt der Bastler und Frickler verlieren. Die wahren Abenteuer sind im Kopf.

Adresse Markelstraße 2, 12163 Berlin (Steglitz), Tel. 030/307921465, www.lokschuppen-berlin.de, info@lokschuppen-berlin.de | **ÖPNV** S 1, Haltestelle Feuerbachstraße, U 9, verschiedene Buslinien, Haltestelle Walther-Schreiber-Platz, U 6, Bus 186, 282, M 48, M 85, Haltestelle Schloßstraße | **Öffnungszeiten** Mo–Fr 10–18.30 Uhr, Sa 10–16 Uhr | **Tipp** Weniger bahnaffine Mitreisende vertreiben sich die Zeit im »Kaf'fee«, Hackerstraße 1, mit ausgezeichnetem Kaffee und von der Fee gebackenem Kuchen. Unprätentiöses Friedenauer Wohnzimmer, zahlreiche Zeitschriften und Tageszeitungen.

53 Luiban Papeterie
Nice to have

Ein *Nice-to-have* ist etwas, das man eigentlich nicht braucht, doch trotzdem gerne hätte. Die Gene bestimmen, ob man eher Fashion Victim wird, Papier liebt oder Schreiberlinge sammelt. Letztere sind bei Luiban verloren, das Sortiment ist selten kenntnisreich und liebevoll zusammengestellt.

Das lederne Traveler's Notebook, das offen auf dem Tisch liegt, zeigt schöne Patina, Kundenhände haben Kratzer und Spuren hinterlassen. Das Innenleben stellt man nach Gusto zusammen, sogar eine wasserdichte Klarsichthülle mit Zipper gibt's. Midori macht noch andere funktionale und schöne Dinge: Schablonen, Clips, Lineal, Rollerball und Bleistift, alles in warmem Messing. Seine Kuverts aus Kraftpapier werden mit einer Baumwollkordel verschlossen. Welch schöne Hülle für eine Liebesbotschaft.

Die Lokta-Papiere sind aus Rindenfasern des Papierbaumes von Hand geschöpft und bedruckt. Die Umschläge von le typographe in Brüssel buhlen in Neonfarben um Aufmerksamkeit. Von Wednesday Paper Works in Kreuzberg kommen Journale, Rasterhefte und Anliegen-Karten in guter buchbinderischer Tradition. Beim Lepine-Füller fällt die Maserung des Cocobolo-Holzes ins Auge, die Präzisionsfeder der Heidelberger Manufaktur Peter Bock überzeugt beim Ausprobieren. Bei den eleganten Tintenrollern des Kultherstellers Ohto läuft die Tinte leicht über eine Keramikkugel aufs Papier. Die Papoutsi-Wickeletuis aus Lochleder oder die Stecketuis sind für so noble Schreibwerkzeuge angemessen. Die Haftnotizen mit historischen Vogelmotiven, die Buchzeichen aus Japan und die Heftringe von Carta Pura sind so nützlich wie schön. Der Papierkleber aus Kartoffelstärkekleister duftet nach Mandeln. Die Mäppchen, Geldbörsen und Taschen von Sonnenleder sind nicht nur sorgfältig verarbeitet, sie duften und schmeicheln beim Anfassen.

Selbst ein Digital Native erkennt: Papier kann etwas, was nur Papier kann. Unversehens wird aus dem Nice-to-have ein Must-have.

Adresse Rosa-Luxemburg-Straße 28, 10178 Berlin (Mitte), Tel. 030/88941192, www.luiban.com, kontakt@luiban.com | **ÖPNV** U 2, Tram M 8, Bus 142, M 8, Haltestelle Rosa-Luxemburg-Platz | **Öffnungszeiten** Mo–Sa 12–20 Uhr | **Tipp** Wer den Stil der neuen Sachlichkeit mag, der auch Luibans Einrichtung prägt, findet ein schönes Bau-Beispiel dafür im nahen Kino Babylon, das 1928/29 von Hans Poelzig als Stummfilmkino errichtet wurde.

54 Lunettes Selection

Spekuliereisen goes Fashion

Unvergesslich: Audrey Hepburn, wie sie sich im Morgengrauen ihre Augen ausguckt vor der Schmuckauslage von Tiffany's. Die Riesen-Sonnenbrille, die ihr Gesicht beinahe verbirgt, heißt »Yu Hu« und stammt von Oliver Goldsmith, dem Erfinder der Acetatbrille. In den 1950er und 1960er Jahren waren die Gestelle der Londoner Manufaktur heiß begehrt: Grace Kelly, Michael Caine und Nancy Sinatra trugen sie.

Nun haben ja auch Normalsterbliche Sehnsüchte, zum Beispiel, ein bisschen so auszusehen wie ein Star oder ein Fahrrad auf der Nase zu haben, das nicht jeder sein Eigen nennt. Uta Geyer hat dafür größtes Verständnis und auch die Lösung für das Problem. In ihren zwei Läden verkauft sie Vintage-Brillen. Ob Nerd-, Panto-, Horn- oder Nickelbrille – Lunettes bietet einen phantastischen Querschnitt durch die Design-Geschichte der Brille ab 1900. Alle Brillen sind ungetragene (!) Originale und stammen aus Lagerbeständen namhafter Hersteller wie Moscot NY, Hackett, Garrett Leight, Algha, Epos. Achtung: Es gibt nur Fassungen, keine Gläser. Die Sonnenbrillen im Sortiment erfüllen aktuelle UV-Standards. Daneben designt Uta Geyer auch eine eigene Brillen-Kollektion. Ein Hingucker ist ihre mit James Long entwickelte »Flaneur«, die eine waagrechte Gravur durchs Sonnenglas hat.

Was die Eltern toll finden, müssen auch die Kids nicht missen: Lunettes in der Dunckerstraße 18 verkauft Vintage-Brillen und Sonnengläser für Kinder, verspielt wie von Dior aus den frühen 1980er Jahren mit Kunststoffschleifchen am Rahmen oder cool wie von Very French Gangsters.

Wer keine Lust mehr auf das rahmenlose Modell Marke »Mach weniger aus dir« hat, sondern Audreys Eyewear nacheifern möchte: Goldsmith ist bei Lunettes auch im Angebot. Trost für Auswärtige: Via Onlineshop kann man sich sechs Brillen zur Ansicht zusenden lassen.

Adresse Torstraße 172, 10115 Berlin (Mitte), Tel. 030/20215216, www.lunettes-selection.de, info@lunettes-selection.de | **ÖPNV** U 8, Tram 12, M 1, M 8, Bus 142, Haltestelle Rosenthaler Platz, Bus 142, Haltestelle Tucholskystraße | **Öffnungszeiten** Mo – Fr 12 – 20 Uhr, Sa 12 – 18 Uhr | **Tipp** Für Streetwear-Vintage: »Pauls Boutique«, für Designer-Vintage: »Goo« in der Oderberger Straße 47/45. Bei »Garments Vintage« (Stargarder Straße 12a, Linienstraße 204) ist die Auswahl exklusiver.

55__Maria Rakel art wear

Gewebe mit Charakter

Im Schaufenster locken Handspindeln in langer Reihe und in der Werkstatt am Rand des Bayerischen Viertels warten dicke Stränge Wolle und andere Naturfasern in hohen Regalen. Mäntel in satten Farben hängen auf Bügel gereiht, Einzelstücke in schönem Naturweiß laden zum Probieren ein. Die beiden Webstühle stehen hier, als täten sie's schon immer. Doch Maria Rakel lebt und webt erst seit kurzer Zeit wieder in Berlin.

Stets vorrätig sind die handgewebten Plaids, deren schlichtes und raffiniertes Muster eine diagonale Streifenstruktur trägt. Die gewebte Struktur setzt Maria Rakel gezielt ein. Mit einer speziellen Technik webt sie Falten, die bewirken, dass die Stoffe sich der Figur freundlich anpassen. Der elegante Zuschnitt und die Passform einer Weste ergeben sich so direkt aus der Webart. Den richtigen Entwurf für einen Stoff zu finden, braucht Zeit; selten gerät der Prozess so wie erwartet. Dafür kann man die klassisch zeitlosen Stücke tragen, bis sie auseinanderfallen. »Was sie aber kaum tun«, widerspricht die Kunsthandwerkerin erfreut.

Natürliche Materialien wie Seide, Leinen und Bambus, wie Wolle aus kontrolliert biologischer Tierhaltung, von Hand sorgfältig verarbeitet, sind langlebig und leicht zu pflegen. Solch hochwertige Kleidung hat ihren Preis, der jedoch im Vergleich damit, was industriell gefertigte Markenkleidung kostet, erstaunlich bezahlbar ist. Nicht zu vergessen: Man kauft etwas, was nicht jede hat.

Von Hand gemacht heißt hier keinesfalls: hausbacken! Maria Rakel blickt nach vorn und experimentiert gern mit innovativen Materialien. So hat sie in den Stoff einer filigran wirkenden Kopfbedeckung auf der Außenseite Kupferfäden eingewebt, während die Innenseite weich und warm ausfällt. Die Amazone, die mit diesem Hut davonschreiten wird, hat ein Stück erworben, das es ohne die lange Geschichte der Weberei nicht gäbe, das zugleich aber überraschend ist und modern.

Adresse Koburger Straße 15, 10825 Berlin (Schöneberg), Tel. 0177/8956811, www.mariarakel.de, info@mariarakel.com | **ÖPNV** S 41, 42, 45, 46, U 4, Bus 187, 248, M 48, M 85, Haltestelle Innsbrucker Platz, Bus M 48, Haltestelle Hauptstraße/Martin-Luther-Straße | **Öffnungszeiten** Mo – Fr 16 – 18 Uhr oder nach Vereinbarung | **Tipp** Das Kino Odeon Berlin, Hauptstraße 116, ist seit 1985 eine gute Adresse für englischsprachige Filme in Originalfassung und mit Untertiteln. Charmantes Kino mit Beinfreiheit.

56___Mashiah Arrive
Falten-Glück

Einst hatte Merch Mashiah in Paris orthodoxe Juden beobachtet, die »messiah est arrivé« – »der Messias ist gekommen!« – riefen. Für den Mann aus Tel Aviv, der als Model begonnen hatte und nun selbstbewusst daranging, seinen eigenen Kleidertraum ins Leben zu setzen, war es dann nur noch ein kurzer Weg zum Namen seines Labels: Mashiah Arrive. In der Leibnizstraße hat er seit 15 Jahren einen eher unauffälligen Showroom.

Plissiert und farbenprächtig – daran erkennt man Mashiah. Seine opulente Stofffülle, geschwungenen Kanten und ein wippender Umriss heben sich selbstbewusst von dem ab, was man sonst so auf Berlins Straßen sieht. Denn Mashiah versteht sich auf die große Geste und baut aus feiner oder breiter plissierten oder gecrashten Stoffen extravagante Skulpturen. Ob einfarbig oder floral gemustert, transparent oder blickdicht, schlicht oder raffiniert geschnitten – das Ergebnis ist eine Robe. Die Kollektion umfasst aber auch alltagstaugliche Oberteile und schmal plissierte Hosen, die lässig schön mit Pulli und Stiefelchen ergänzt werden können.

Für Vielreisende gut zu wissen: Die hochwertige Mikrofaser seiner Plissees sorgt für brillante Farbigkeit und nimmt auch das Rein in den Koffer, Raus aus dem Koffer nicht übel. Einige Modelle lassen sich immer wieder anders knoten, raffen, stecken. Manch körperbetonte Schnittführung schmückt ranke, schlanke Frauen. Mollige freuen sich, dass Mashiah Arrive auch Wonneröllchen elegant zu kaschieren weiß. Häufig fertigen die Schneiderinnen des Hauses auch individuell für die Kundin an – in genau ihrer Wunschfarbe und in allen Konfektionsgrößen von S bis XXL.

Diese individuelle Fertigung hat ihren Preis: mehrere 100 bis über 1.000 Euro für ein Kleid. Zwar hat Mashiah Arrive in Berlin viele Stammkundinnen, doch seinen Hauptumsatz macht er im Ausland. Auch Michelle Obama trägt Mashiah Arrive. Merch Mashiah ist angekommen.

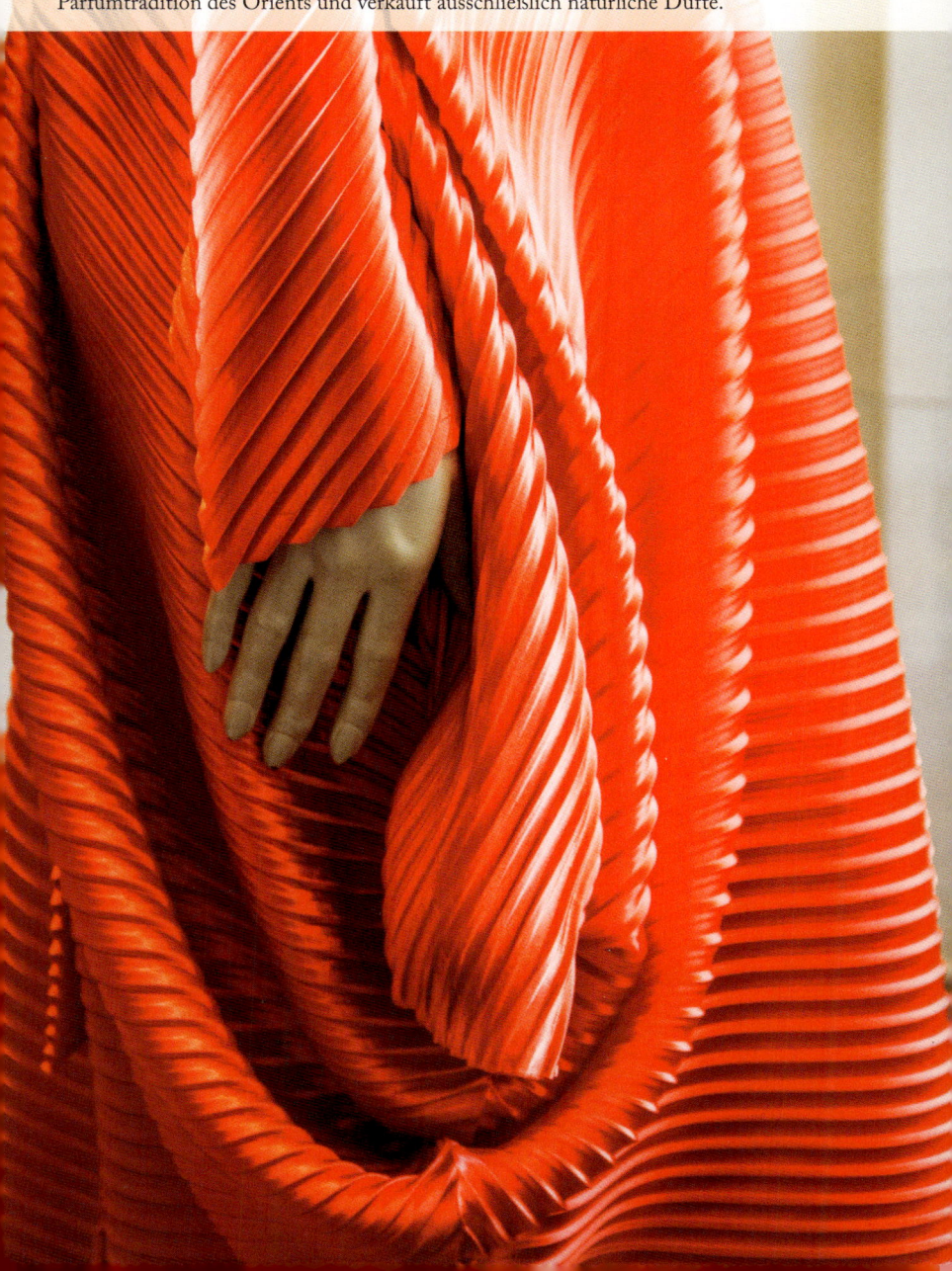

Adresse Leibnizstraße 56, 10629 Berlin (Charlottenburg), Tel. 030/88001817, www.mashiaharrive.com, mashiaharrive@web.de | **ÖPNV** Bus 101, 109, 110, M 19, M 29, X 10, Haltestelle Olivaer Platz | **Öffnungszeiten** Mo – Fr 11–19 Uhr, Sa 11–16 Uhr | **Tipp** Die Mekkanische Rose (Leibnizstraße 47, www.mekkanischerose.de) schöpft aus der Parfümtradition des Orients und verkauft ausschließlich natürliche Düfte.

57__MDC Cosmetic

Berlin entdeckt Unterschiede

MDC sind die Initialen von Melanie dal Canton. Die Geschäftsführerin des Berliner Concept Stores von Andreas Murkudis hat 2012 auf 50 Quadratmetern einen minimalistischen Laden eröffnet. Hinter dem neogotischen Schaufenster und auf schlichten Wandborden reihen sich Naturkosmetik aus regionalem Anbau oder Wildsammlung, Düfte oft kleinerer Produzenten und schöne Dinge. Das Interior Design stammt von den Architekten Gonzalez Haase, die auch schon Murkudis berieten. Dal Canton ist in der Bodenseeregion aufgewachsen, einer reichen Kulturregion, in der hochwertige Produkte, naturverbundenes Handwerk, Körperbewusstsein und anthroposophische Prinzipien eine lange Tradition haben. Das prägt ihr Sortiment.

Da konkurrieren die luxuriöse Haarpflege des französischen Star-Coiffeurs David Mallet, die Naturkosmetik der Österreicherin Susanne Kaufmann und der traditionsreichen Klosterapotheke Santa Maria Novella in Florenz mit der als koscher zertifizierten Pflegeserie des Kaliforniers Josh Rosebrook, den Duftkerzen in geschliffenen Gläsern der Pariser Manufaktur Cire Trudon und den Kaschmir-Wärmeflaschen der schottischen Traditionsmarke Johnstons of Elgin um den Einsatz im heimischen Wellness-Tempel. Der altmodische Öldispersionsapparat des medizinischen Bademeisters Werner Junge und die Eurythmiekugeln zeugen von anthroposophischen Impulsen bei der Zusammenstellung des Sortiments. Die Auswahl an außergewöhnlichen Düften, auch reinsortigen, ist beeindruckend.

Dann entdeckt man Kupferbecher mit Goldbelag innen, Gesichtspflege, die alchemistisch verflüssigtes Gold oder Silber enthalten soll, und Sonnenbrillen, deren Gläser mit einer hauchdünnen Goldauflage versehen sind. Da dämmert einem, dass es hier auch um Distinktionsgewinn geht. Denn wenn selbst Tante Eveline aus Castrop-Rauxel eine Nerd-Brille trägt, kann die nicht mehr cool sein. MDC schafft da Abhilfe, die ihren Preis hat. Berlin entdeckt Bourdieu.

Adresse Knaackstraße 26, 10405 Berlin (Prenzlauer Berg), Tel. 030/40056339, www.mdc-cosmetic.com, mail@mdc-cosmetic.com | **ÖPNV** U 2, Haltestelle Senefelder Platz, Tram M 2, Haltestelle Knaackstraße | **Öffnungszeiten** Mo–Mi 10–19 Uhr, Do–Sa 10–20 Uhr | **Tipp** Im »Weinladen Schmidt«, Kollwitzstraße 50, lässt sich ein anderer Nasenmensch über seine exquisiten Gewürze kennenlernen: der Gewürzmüller Ingo Holland.

58 Modulor

Quickie-Möbel bis Washiband

Auf der Visitenkarte des Hauses steht: Modulor plant vor, richtet aus und schiebt an. An einem Beispiel wird das Konzept des Hauses deutlicher. Vor ein paar Jahren hat Van Bo Le-Mentzel, ein deutsch-laotischer Architekt, ein Do-It-Yourself-Quickie-Möbel für Menschen mit wenig Geld, Geduld und Zeit, aber großem Bedürfnis nach Freiheit entwickelt: den Berliner Hocker. Aufwand: 10 Euro, 10 Schrauben, 10 Minuten und ein Holzbrett. Modulor hat nicht nur das Material im Sortiment, sondern entwickelte auch die Verpackung für die Anleitung.

Egal, ob bastelnde Mutter, Messebauer, ambitionierter Selbermacher oder Künstler – wer die drei Etagen am Moritzplatz betritt, findet auf 3.000 Quadratmetern Verkaufsfläche eine unerschöpfliche und inspirierende Wunderwelt an Farben und Formen, Werkstoffen und Materialien. Der Claim – hier treffen Ihre Ideen auf Material – trifft's. Und doch ist es kein Baumarkt, weil es von Flokati, Jutesack, Gießmassen, Gaffaband in Neonfarben, Holografieklebefolie, Kapa-Platten, Metallstangen und -rohren über Molotow-Lackmarker, Paper-Poetry-Stempelset, Pébéo-Farben bis hin zu Washibändern aus Reispapier alles gibt, was der Schöpfergeist für die Verwirklichung seiner Idee braucht. Ein gewachsenes Netzwerk mit 600 Lieferanten sorgt dafür. Anders als in der Bastelabteilung eines Kaufhauses gibt es die meisten der 40.000 Artikel auch einzeln oder in Kleinmenge. Zudem sind 30 eigenständige Dienstleister als Partner mit im Haus, etwa ein Tischler, ein 3-D-Drucker, ein Goldschmied, ein Nähatelier, ein Mosaikspezialist, ein Fräs-Service und ein Hersteller individueller Tapeten.

Der Laden ist aufgeräumt, klar, schlicht gestaltet und vertraut selbstbewusst auf die Qualität und Materialität seiner Produkte. Selbst ein Mensch mit linken Händen verlässt den Laden vollgepackt – Modulor schiebt an. Für Le-Mentzel ist das die Zukunft: Konstruieren statt konsumieren.

Adresse Prinzenstraße 85, 10969 Berlin (Kreuzberg), Tel. 030/690360, www.modulor.de, info@modulor.de | **ÖPNV** U 8, M 29, Haltestelle Moritzplatz, Bus 140, Haltestelle Prinzenstraße/Ritterstraße | **Öffnungszeiten** Mo–Fr 9–20 Uhr, Sa 10–18 Uhr | **Tipp** In den Prinzessinnen-Gärten gegenüber ein Bio-Sozio-Top aus wucherndem Grün und struppigem Pragmatismus.

59__Morgenwelt

Verspielt in Berlin

Computersüchtige Kids, die ihr Zimmer nur verlassen, um sich mit Chips und brauner Brause einzudecken, junge Männer, die ihren Testosteron-Schub durch Ballerspiele abreagieren – davon kann man überall hören. Umso überraschender, wenn Brigitte Wolf erzählt, dass wieder mehr Spiele gespielt und gekauft werden. Brett-Spiele. Offline-Welt.

Die Vierzigerin muss es wissen, leitet sie doch seit sieben Jahren die Morgenwelt, ein phantastisches Fachgeschäft für Spiele. Phantastisch durchaus im doppelten Wortsinn, denn die Auswahl an Brett-, Karten- und Rollenspielen jeweils in Deutsch und Englisch, Sammelkartenspielen und -zubehör, Tabletop-Spielen und ihren Figuren ist riesengroß. Würfel mit bis zu 30 Seiten gibt es auch. Zum Thema Fantasy, Science Fiction und Horror ist das Sortiment besonders tief gestaffelt. In zwei Räumen und auf 100 Quadratmetern sind etwa 2.000 Spiele versammelt, im Keller befindet sich eine große Spielfläche für Rollenspiele und Tabletops.

Bei Rollenspielen und anspruchsvolleren Brettspielen probiert man Spielsystem und Regelwerk am besten aus. Dazu ist mittwochs um 17 Uhr Gelegenheit beim Open-Box-Day, wenn ein neues Brett- oder Kartenspiel vorgestellt und gemeinsam getestet wird. Ebenfalls wöchentlich treffen sich die Dungeon-&-Dragon-Enthusiasten. Rollenspiele sind eine Chance, Abenteuer zu erleben, wie man sie aus Romanen oder Filmen kennt: Einmal selbst durch geheimnisvolle Gemäuer kriechen, mysteriöse Rätsel lösen, eine Figur durch eine Phantasiewelt schicken, sich mit haarigen Barbaren in einer rauchigen Kneipe rumschlagen ... Der erfahrene Spielleiter führt ein, die Erzählstimme ertönt: »In nomine imperatoris. Finden Sie sich zum angegebenen Termin zwecks Missionseinweisung durch das Heilige Ordo Inquisitoris am bekannten Ort ein.«

Vielleicht hatte Schiller am Ende doch recht, als er sagte, der Mensch sei »nur da ganz Mensch, wo er spielt«. Trost für Kulturpessimisten.

Adresse Markelstraße 56, 12163 Berlin (Steglitz), Tel. 030/79709646, www.morgenwelt.org, shop@morgenwelt.org | **ÖPNV** U 9, Bus 186, M 48, M 85, Haltestelle Walter-Schreiber-Platz oder Schloßstraße | **Öffnungszeiten** Mo–Do, Sa 10–20 Uhr, Fr 10–22 Uhr | **Tipp** Montags zum Pubquiz ins Celtic Cottage, Markelstraße 13. 1979 gegründet, ist das Celtic Cottage eines der ältesten Irish Pubs in Deutschland.

60 Mustermöbel

Anziehmöbel

Wie der Ton die Musik, macht das Muster das Möbel, findet Jacqueline Broch-Obermann. Die gelernte Schreinerin und echte Berlinerin schneidet Plattenwerkstoffe zu, lässt Muster daraufdrucken und baut daraus Möbel. Sie sind weder laminiert noch mit Papier beschichtet, sondern es wird auf Filmsperrholz Birke oder hochwertiges Multiplex digital aufgedruckt. Wenn die Farbe ins Material eingezogen ist, machen Öl oder Lack die Oberfläche robust. Maserung und Struktur des Holzes bleiben erkennbar, was lebendig anmutet. Der Holzton des Ausgangsmaterials dimmt die Farbigkeit etwas – nicht viel anders als beim Haarefärben. Die Wachstumsringe der Seekiefer-Platte etwa changieren durch den Farbdruck beinahe wie kostbare Shantungseide.

Jacqueline Broch-Obermann schreinert geradlinige und zweckmäßige Möbel nach Kundenwunsch und -maß. Für die Einkleidung hält sie Musterbücher mit Ornamenten der 1970er Jahre, skandinavischem Design, Blumenranken, Streifen, Art-déco- und Jugendstil-Dekor und Klassizismus-Dessin bereit. Das Dekor kann aber auch von mitgebrachten Fotos oder Postkarten, Stoffen, Bodenfliesen, Wachsdecken und Teppichen abgenommen werden. Im Seitenteil des Sessels aus Seekiefer ist ein Bar-Fach integriert, seine Musterung aus den 1930er Jahren erinnert an Intarsien.

Nun gibt's visuelle Schwachmaten wie die Autorin, die ein Muster auf dem Papier hübsch finden, aber sich partout nicht vorstellen können, wie ein Wandregal damit aussehen könnte. Für solche Menschenkinder sind Broch-Obermanns Anziehmöbel von der Stange die Rettung. Den würfeligen Grundkörper aus Multiplex gibt's in 21 Farben, er hat ein Außenmaß von 35 x 35 x 35 cm und trägt bereits ein Muster auf Rückwand und Sockel, kann noch mit Glasboden oder Rollen versehen werden. Nächste Stufe: Der Würfel bekommt ein Wunschmuster. Solchermaßen ermutigt, kleidet mancher das Regal dazu dann selbst ein. Denn der Zusammenklang macht die Musik.

Adresse Knobelsdorffstraße 41, 14059 Berlin (Charlottenburg), Tel. 0176/48615274, www.mustermoebel.com und www.musterwuerfel.com, mail@mustermoebel.com | **ÖPNV** U 1, 2, Bus 309, Haltestelle Sophie-Charlotte-Platz | **Öffnungszeiten** Mo–Fr 14–18 Uhr und nach Vereinbarung | **Tipp** Peggy Lukac, Berliner Schauspielerin und Regisseurin mit New Yorker Wurzeln und Wiener Charme, kreiert in der Nehringstraße 16, Ecke Knobelsdorffstraße, hinreißende Schärpen und Schals, Kimonos und Kissen.

61__Nachtigäller natürlich

Menschen sind bunt

In der Sesenheimer Straße bewegt sich ein bleistiftbunter Regenmantel leise im Wind. Das bodentiefe Schaufenster präsentiert ein gedecktes wolliges Strickensemble im nordischen Ethno-Look – nichts für Girlies, aber für 35-Jährige genauso schön wie für 80-Jährige. Eine große Stil-, Farb- und Mustervielfalt, die erstaunlich gut harmoniert, prägt den schönen hohen Altbau-Laden auch innen.

Der nun heißt nach ihr: Hannah Nachtigäller. Die gelernte Sozialpädagogin ist fast 60 und führt seit 13 Jahren diesen Laden. Genauer: Sie stellt mit Tochter und Kollegin eine Laden-Kollektion aus lässigen Basics und ausgefallenen Einzelstücken kleinerer Labels zusammen, überwiegend Oberteile, aber auch Hosen und Röcke, Kleider und Schals. Bevor sie ordert, probiert sie jedes Stück selbst an, erzählt sie, muss wissen, ob die Taschen auftragen, die Wolle kratzt und die Wickeljacke auch zuhält. Sie verkauft praktisch ausschließlich Naturmaterialien, wenn auch nicht notwendig solche mit Öko-Zertifikat.

Die Kundin soll sich mit dem, was sie auf dem Leib trägt, ehrlich wohlfühlen – so Nachtigällers Credo. Dafür bringt sie Geduld auf, ignoriert übliche Typ-, Farb- oder Stilregeln, kombiniert den wilden Rock mit schlichtem Oberteil oder ein zartes Kleid mit dicken Stiefeln. Und beobachtet die Kundin genau, die sich prüfend vor dem Spiegel dreht: Suchen die Hände nach Taschen im schmalen Strickkleid? Warum zuppelt sie an der Schulternaht der Jacke herum? Hält sie in der Hose etwa die Luft an? Das ist noch nicht richtig, das schmückt nicht, das sagt sie der Kundin ehrlich. Oder sie rät: Schlafen Sie noch einmal darüber.

Nach dem großzügigen Wohn-Pullover aus kirschrotem Seiden-Mohair, den sie mir mal vorschlug, hätte ich von mir aus nicht gegriffen. Zu laut, die Farbe! Er ist mein Lieblingsstück geworden. Hannah Nachtigäller hat einen wachen Blick für Menschen und ihre Buntheit.

Adresse Sesenheimer Straße 1/Ecke Goethestraße, 10627 Berlin (Charlottenburg), Tel. 030/31808024, www.nachtigaeller-natuerlich.de, post@nachtigaeller-natuerlich.de | **ÖPNV** U 2, Haltestelle Deutsche Oper, U 1, 2, 7, Haltestelle Bismarckstraße | **Öffnungszeiten** Mo – Fr 11–19 Uhr, Sa 11–16 Uhr | **Tipp** Am Karl-August-Platz ist Mittwoch- und Samstagvormittag ein reich sortierter Wochenmarkt.

62__Neuköllner Stoff

Kreatives Ufer

»Man muss mit dem vorhandenen Material arbeiten«, sagt die Designerin und sortiert ihre Geldbörsen und Taschen um. »Wir fertigen kleine Serien und verwenden Restleder aus der Möbelherstellung.« Damit ist sie exemplarisch für den Markt am Maybachufer: An den 140 Ständen werden Recycling und Upcycling großgeschrieben. Kunst und Handwerk mischen sich auf schönste Weise: Neben Stichen und Malerei finden sich Kleidchen für Spüliflaschen und eine schwarz schimmernde Etagère, die Obst auf drei Ebenen darbietet. Nur wer genau hinsieht, merkt, dass sie aus Schallplatten besteht, die zu Schalen gebogen wurden.

Von Hut bis Schuh oder Jacke wie Hose – auf dem Neuköllner Stoff-Markt wird seit 2010 feilgeboten, was typisch für den neuen Schick der kreativen Hauptstadt ist. Die meisten Waren werden auch in Neukölln, Berlin oder im Umland hergestellt – wie die Fahrradrahmen aus Bambus. Oder aber sie sind handgemacht und naturnah wie die Küchenmesser aus Vietnam, Leinenschals aus Irland und Naturseifen aus Polen.

Die Hälfte der Händler sei dem Markt in den ersten vier Jahren treu geblieben, schätzt die Marktleitung. Fertige Waren machen etwa zwei Drittel des Angebotes aus. An einem Sechstel aller Stände bieten Händler feil, was die Herzen von Nähbegeisterten höherschlagen lässt: ballenweise Stoff ab wenigen Euro pro Meter, Leinen und Seide, Wolle und Filz aus Brandenburg, afrikanische und indische Gewebe und Kurzwaren. Das letzte Marktsegment dient der Erhaltung der Arbeitsmoral: Kulinarisch bietet der Markt eine kleine Weltreise an. Beim Besuch gab es Plantene (»afrikanische Kochbananen«), Taiyaki (»japanisches Gebäck in Fischform«), Riesling und Crêpes.

Auf Keilrahmen aufgezogene Fotografien zeigen Bahngleise ohne Anschluss und verwitterte Fabriken, »Lost Places«, wie sie typisch waren für das Berlin der Mauerzeit. Auch hier wird das zum Teil bis heute Vorhandene neu interpretiert.

Adresse Maybachufer 1–12, 12045 Berlin (Neukölln an der Grenze zu Kreuzberg), www.neukoellner-stoff.de, ohne Mailadresse und ohne Telefon | **ÖPNV** U 8, Haltestelle Schönleinstraße, U 1, 8, Bus 140, Haltestelle Kottbusser Tor | **Öffnungszeiten** Sa 11–17 Uhr | **Tipp** Der Landwehrkanal ist eine schöne Spazierstrecke. Fußmüde können am Maybachufer/Ecke Kottbusser Damm einen Ausflugsdampfer entern, der sie einmal um den Stadtkern herumschippert.

63__Nix wie Wein
Erde und Menschen

»Der Geschmack ändert sich jeden Tag.« So erklärt Heide Pellmann, warum sie keinen Lieblingswein nennen mag, und rät, einmal selbst darauf zu achten. In der Kopenhagener Straße, wo sie seit 1997 den Laden Nix wie Wein betreibt, gibt es dazu reichlich Gelegenheit, vom traditionellen Café bis zur Salumeria. Der Laden passt hierher: aufgeräumt und einladend, bodenständig und weltoffen. Man sagt Du, ohne sich anzubiedern.

Pellmann ist Quereinsteigerin. Die Betriebswirtschaftlerin fing bei Weinseminaren in der Volkshochschule Feuer, roch ins Winzerhandwerk herein und spürte: »Mich zieht es zur Erde und zu den Menschen.« So wurde die »unglaubliche Vielfalt an Aromen und Geschmackseindrücken« zu ihrem Beruf. Nix wie Wein führt heute rund 300 Tropfen aus Europa und Übersee. Natürlich fehlen die üblichen Verdächtigen aus den großen Weinnationen nicht, gern mit einem kleinen Twist. So steht neben Bordeaux aus dem – na klar! – Bordeaux ein Spanier aus der gleichen Traube. Daneben pflegt sie besondere Lieben, deutsche Weißweine, portugiesische Weine. Lassen Sie sich einen der köstlichen Portweine empfehlen! Oder kommen Sie am allmonatlichen »Tag der offenen Flasche« zum Probieren, Termin jeweils auf der Homepage.

»Kiezweinhandlung« nennt Pellmann ihr Geschäft. Im Hinblick auf die Preise trifft das auch zu, doch es ist glattes Understatement, was die Beratung angeht. Wer die passende Weinbegleitung zum Menü sucht, bekommt von Entree bis Dessert Empfehlungen, die Heide Pellmanns Gespür für den Zusammenklang von Farbe, Geschmack und Duft verraten. Wer ein spezielles Mitbringsel möchte, dem rät sie zu einem Riesling von der Mosel und klopft dazu ein Stück Gestein von einem Schieferbrocken. Mit Wasser beträufeln, daran riechen und dann am Wein im Glas: Die Mineralien des Bodens, auf dem er wuchs, geben ihm Duft und Geschmack. »Wenn du die Landschaft magst, magst du auch die Weine.«

Adresse Kopenhagener Straße 6, 10437 Berlin (Prenzlauer Berg), Tel. 030/44008220, www.nixwiewein.de, post@nixwiewein.de | **ÖPNV** S 8, 9, 41, 42, 85, U 2, Haltestelle Schönhauser Allee | **Öffnungszeiten** Mo–Fr 12–20 Uhr, Sa 10–18 Uhr | **Tipp** Wer bis zum Schwedter Steig am Ende der Kopenhagener Straße spaziert und dort in luftiger Höhe die S-Bahn-Geleise quert, wandelt auf den Spuren von »Sunny« aus Konrad Wolfs berühmtem Film und genießt Ausblicke, wie sie berlinischer kaum sein können.

64__Olbrish

Keuner geht mit der Zeit

»Ein Mann, der Herrn K. lange nicht gesehen hatte, begrüßte ihn mit den Worten: ›Sie haben sich gar nicht verändert.‹ ›Oh!‹, sagte Herr K. und erbleichte.«

Wolfgang Olbrisch entwirft passend zeitlose Taschen, vollendet in ihrer Art. Nach einem Kunststudium fand er zur eigenen Formensprache: klar, oft geometrisch. Die Taschen müssen alltagstauglich sein und Tragekomfort bieten. Auch an Linkshänder denkt er. Sein offenporiges, durchgefärbtes Rindsnappa wird nach strengen Öko-Richtlinien in Süddeutschland gegerbt. Es fühlt sich weich und samten an, ist dennoch strapazierfähig, lichtbeständig, farbecht und wasserabweisend. Auch wenn eine elektronisch gesteuerte Zuschneidemaschine ins Kreuzberger Atelier eingezogen ist, wird jede Tasche mit allen Zwischenschritten wie Kleben, Buggen, Nähen von einer Täschnerin sorgsam gefertigt.

Olbrisch kaschiert in einer Serie Rosshaar vollflächig auf der Tasche, zusammen mit der geometrischen Form ergibt das eine reizvolle Spannung. Das Rosshaar wird aus dem Schweif herausgekämmt, da muss kein Pferd sein Leben lassen. In Italien wird daraus nach alter Tradition ein Schachbrett- oder barockes Blumenmuster gewebt. Die Haare werden einzeln in den Webstuhl eingelegt, der Längsfaden ist aus Polyester. Aus Italien kommen auch die Beschläge, überwiegend aus Messing und meist mit Rhodium oder Palladium beschichtet. Dadurch gewinnen sie Unempfindlichkeit und einen fast warmen silbrigen Farbton. Die neueste Entwicklung sind Taschen aus angeschliffenem Rauleder. Sie kommen ohne sichtbare Nähte aus, manche haben einen Handgriff aus Walnussholz.

Für einen, der Anfang der 1970er Jahre als fliegender Händler Mauerstadttouristen selbst gefertigte Hippiegürtel und handgefärbte Haarspangen feilbot, ist ein Flagshipstore am Ku'damm ein Riesenerfolg. Ermöglicht wurde der – auch international – durch seine kompromisslose Konsequenz im Entwurf. Kein Grund, blass zu werden.

Adresse Kurfürstendamm 210, 10719 Berlin (Charlottenburg), Tel. 030/8811445, www.olbrish.de, storeberlin@olbrish.de | **ÖPNV** U 1, Bus 109, 110, M 19, M 29, X 10, Haltestelle Uhlandstraße | **Öffnungszeiten** Mo–Fr 11–19 Uhr, Sa 11–18 Uhr | **Tipp** Thull & Schneider (Fasanenstraße 31) führt extravagante Tücher von Faliero Sarti und Leigh & Luca aus New York.

65 __ Onkel Philipps Spielzeugwerkstatt

Bei Pittiplatsch und Schnatterinchen

Das Haus in der Choriner Straße 35 ist ein wenig aus der Zeit gefallen, an der Wand lehnen ein schlaffes Gummiboot und ein klappriger hölzerner Leiterwagen, Tür und Fenster sind eingewachsen. Im Fenster lacht das Sandmännchen, ein kleiner Mann mit weißem Spitzbart, mit dem die Fernsehmacher in Adlershof 1959 den Wettlauf gegen den früheren SFB gewonnen hatten.

Wo das Sandmännchen wohnt, sind auch Schnatterinchen und Pittiplatsch nicht weit. Die drei Stars der DDR-Kinderwelt finden sich hier neben Lkws, Gabelstaplern, Bausteinkästen aus Holz, manche mit Bezug zur sozialistischen Realität. Zeitgeschichte zum Anfassen: Ankleidepuppen mit Berufskleidern für »Straßenbahn, Montage, Verkehrspolizei, Briefpost, Gartenbau, Säuglingspflege, Ärztin«, ein bunter Raketentransporter aus Schkopauer Plaste zum Nachziehen, eine Raumzeit-Latrine aus den 1970er Jahren, ein ferngesteuerter Panzer, ein verschrammter Kosmonaut Sigmund und eine mechanische Minol-Tankstelle aus Plastik, Buratino, der Pinocchio der DDR, ein stromlinienförmiges Dreirad, handbemalte Plaste-Micky-Maus und die »Gemüsekonservenmischung« für den Kaufmannsladen. Der Laden ist ein einziges herziges »Das hatte ich auch mal«-Erlebnis.

Seit 1997 sammelt, verleiht, tauscht, verkauft und repariert Philipp Schünemann gebrauchtes Spielzeug. Lego, Duplo und Carrera-Bahn gibt's natürlich auch. Alles in schöner Unordnung. Irgendwann stieß Hans Heckel dazu, zusammen haben sie im Ladenkeller ein privates DDR-Spielzeug-Museum aufgebaut. Die etwa 5.000 Exponate dort sind unverkäuflich. In seinem Recycling-Laden zeigt Schünemann, dass es Alternativen zur Wegwerfgesellschaft gibt. Indem er altes, kaputtes Spielzeug herrichtet, gibt er es dem Wirtschaftskreislauf zurück. Soweit die rationale Erklärung. Vielleicht haben die beiden Männer einfach das Erwachsensein übersprungen.

Adresse Choriner Straße 35, 10435 Berlin (Prenzlauer Berg), Tel. 030/4490491, www.onkel-philipp.de, philipp@onkel-philipp.de | **ÖPNV** U 2, Tram 12, M 1, M 10, Haltestelle Eberswalder Straße, Tram 12, M 1, Haltestelle Schwedter Straße | **Öffnungszeiten** Di, Mi, Fr 9.30–18.30 Uhr, Do 11–20 Uhr, Sa 11–16 Uhr | **Tipp** Heckel hat altes Ostblock-Spielzeug liebevoll fotografiert und vertreibt die Bilder: www.glueckspioniere.de.

66__Ostpaket Berlin

Stars im Ostpaket

In den Regalen von Kaufland und Konsorten findet man Spree-wald-Gurken oder Sekt aus Saale-Unstrut. Viele andere Produkte des untergegangenen Staates sucht man vergeblich: Tempo-Linsen, Schlagersüßtafel, Blauer Würger, Klammerkleid, DeDeRon-Netz, Bambina, Bemmchen, Brockensplitter, Ferienlager-Klappbecher mit Spiegel, Tintex-Fleckenlöser, Komet Pudding, Tangermünder Nährstange, Seifenbeutel, Gurkenreinigungsmilch, Bürsten von Bürstenmann, Anti-Static-Spray und Odorex.

Die Bekleidungstechnikerin Bianca Schäler hat das geändert. Da ihr Stand auf der Messe OSTPRO in Berlin anhaltenden Zu-spruch fand, erkannte sie die Marktlücke: ein Geschäft, das aus-schließlich Produkte aus den neuen Bundesländern vertreibt. Das »alte Aroma« oder auch nur die Erinnerung ziehen immer noch: Die Schlagersüßtafel von Rotstern aus Saalfeld enthielt zwar kaum Kakao, weshalb sie Süßtafel statt Schokolade genannt wurde. Die raren Mandeln wurden durch Erdnüsse mit gemahlenen Erbsen er-setzt. Seit Zetti in Zeitz die Tafel produziert, liegt der Kakaoanteil bei 32 Prozent. Die blau-weiße Verpackung, ein Musterbeispiel des DDR-Industriedesigns, ist unverändert geblieben – anders als der Geschmack, sagen manche. Der Nachfrage tut das keinen Abbruch.

Ostpaket ist eine Kreuzung aus Delikatladen und Kaufhalle und nun – nach einigen Zwischenstationen – in der Mitte Berlins ange-kommen. Manche Produkte reihen sich schlicht in Regalen, ande-re werden auf Glastischen geradezu ausgestellt. Bückware war mal. Ostalgische Sentimentalisten und traditionsbewusste Hausfrauen strahlen: es gibt sie wieder, die guten Dinge. Wegen der Nachfrage verschickt der Laden – schön ironisch – Ostpakete in vier Größen, gerne auch in den Westen. Am früheren Tag der Republik veran-staltet Bianca Schäfer ein Event, bei dem Schlager-Urgestein Sigi Tross DDR-Schlager präsentiert. Auch übers Jahr ist die Beschall-ung voll die Siebziger. Manche Kunden summen leise mit.

Adresse Spandauer Straße 2, 10178 Berlin (Mitte), Tel. 030/27595449, www.ostpaket-berlin.de, info@ostpaket-berlin.de | **ÖPNV** S 5, 7, 75, Haltestelle Hackescher Markt, Tram M 4, M 5, M 6, Bus 100, 200, M 5, M 48, TXL, Haltestelle Spandauer Straße/Marienkirche | **Öffnungszeiten** Mo – Sa 10 – 18 Uhr | **Tipp** Das Restaurant Volkskammer und das Plattenbau-Hostel Ostel, beides am Ostbahnhof, vermitteln ostige Nestwärme.

67__Ostrad

Der Velosoph

»Fleur de Lys« heißt eine der Muffen, die Eckbert Schauer vorrätig hat. Welch Name für das profane Verbindungsstück zwischen zwei Rohren! Schauer baut seit 1991 nach alter Tradition gemuffte Fahrradrahmen aus Stahl. Es gibt nicht mehr viele Meister darin in Deutschland und in Berlin nur einen: ihn. Dabei hatte hier der Bau von Fahrradrahmen eine lange Tradition bis in die Nachkriegszeit hinein. Der letzte große Berliner Rahmenbauer Heinz Paupitz, Jahrgang 1927, beriet ihn lange und verkaufte ihm auch seine Spezialwerkzeuge und Muffenvorräte, als er seine eigene Werkstatt zumachte.

Schauers Handwerksbetrieb setzt auf Stahl, weil sich mit ihm bei gleicher Festigkeit deutlich schmalere Konturen und filigranere Konstruktionen erzielen lassen. Das Fahrverhalten eines Stahlrahmens sei geschmeidiger und komfortabler als das eines Aluminiumrahmens, schwärmt Schauer. Hinzu komme die viel bessere Umweltbilanz und die Langlebigkeit. Die Rohre stammen vom englischen Traditionsbetrieb Reynolds. Sie sind in der Mitte feinwandiger gezogen, dadurch auch leichter als früher. Und werden hier sorgsam gelötet und nicht geschweißt.

Ostrad hat diverse Rahmen-Modelle und Geometrien entwickelt, die für den Kunden und dessen Verhältnis von Bein- zur Oberkörperlänge, Armlänge und Fahrgewohnheiten angepasst werden. Ostrad repariert Fahrradstahlrahmen, ergänzt Bauteile, tauscht Rohre aus. Die Muffen sind der Engpass, seit der letzte traditionelle Muffenhersteller Haden in Birmingham seine Produktion einstellte. Nun bezieht er die Muffen aus Taiwan, von Longshen. Gehandelt werden auch Räder von Diamant, Stevens und VSF Fahrradmanufaktur. Repariert wird alles.

Diese handgebauten Bikes sind ästhetisch und technisch perfekt. Eckbert Schauer bewahrt die handwerkliche Tradition, bildet aus und gibt Rahmenbaukurse, um das alte Wissen über die Zeit zu retten. Den Liebhaber alter Räder darf man wahrlich einen Velosophen nennen.

Adresse Winsstraße 48, 10405 Berlin (Prenzlauer Berg), Tel. 030/44341393, www.ostrad.de, laden@ostrad.de | **ÖPNV** Tram 10, Haltestelle Winsstraße, Tram M 2, Haltestelle Marienburgerstraße | **Öffnungszeiten** Mo–Fr 9–19 Uhr, Sa 10–15 Uhr | **Tipp** In der Winsstraße 7 schneidert Claudia Möbius auf Maß, auch für Bühne und Film. Im Haus 52 ist die schöne Korb- und Rattanmanufaktur von Fred Jacob.

68__Oukan

Japanische Avantgarde

Das Entree des Oukan ist spektakulär. Die zylinderförmige Glastür öffnet sich automatisch und gibt den Blick frei auf eine großzügige Wendeltreppe in Rohbeton, die sich in den ersten Stock schraubt. Ein eiförmiger ehemaliger Bartresen dominiert wuchtig den offenen Raum. Klare Sache: ein puristischer Concept Store für Design-Objekte, Accessoires, Unisex-Mode und Schuhe.

Bei Einrichtung wie Sortiment bestimmen Schwarz, Grau und Weiß den Ton. Bei Rei Kawakubo hieß das: »I work with three shades of black.« Nirgends Schnörkel oder unnötiges Gedöns, dafür asymmetrische oder wandlungsfähige Schnitte. Das kunstvoll gefaltete lederne Origami-Portemonnaie kommt ohne Nähte aus. Das schmale schwarze Lederhemd aus watteweichem Kobe-Leder hat an den Ärmeln die raffinierte Fältelung, die es erst bequem macht. Die Schuhe einer taiwanesischen Architektin muten mit ihren Holzabsätzen an wie Skulpturen. Dabei hat sie nur versucht, den Fuß auf den hohen Heels wirksam abzustützen. Eine sorgfältige und detailbewusste Verarbeitung ist Huy-Thong Tran Mai so wichtig wie eine zeitlose Formensprache und die Langlebigkeit des Materials. So findet man die Regenmäntel aus recyclebaren japanischen High-Tech-Stoffen eines norwegischen Labels ebenso wie handgefertigte Hornbrillen von Rigards.

Die Tokyo Gakudan Runway Show, die Huy-Thong Tran Mai 2011 während der Fashion Week organisiert hatte, wurde ein überraschend großer Erfolg. So wuchs die Lust, aus dem Charity-Projekt nach Fukushima einen Concept Store für japanische und internationale Avantgarde erwachsen zu lassen. Der Vietnamese hat das Saint Martins College of Art and Design in London absolviert, das viele berühmte Designer hervorgebracht hat. Eine kompromisslose Linie in seinem Gesamtkunstwerk Oukan darf man ihm schon heute attestieren. Oukan heißt übrigens »Krone« im Japanischen. Das mag man nicht mehr allein auf den Standort beziehen, die Kronenstraße.

Adresse Kronenstraße 71, 10117 Berlin (Mitte), Tel. 030/20626700, www.oukan.de, hello@oukan.de | **ÖPNV** U 2, 6, Haltestelle Stadtmitte | **Öffnungszeiten** Mo–Sa 12–19 Uhr | **Tipp** Köstliches asiatisches Futter gibt's im Avan, einem etwas versteckten Pop-up-Lunch-Restaurant mit Teebar im 1. Stock des Oukan.

69__Öz-Gida Supermarkt

Essen ist Heimat

»Wir riefen Arbeitskräfte, und es kamen Menschen«, schrieb der Schweizer Autor Max Frisch 1965. Mecit Öztürk ist einer von ihnen. Aus Görele im Herzen der türkischen Schwarzmeerprovinz Giresun hatte er sich nach Berlin aufgemacht. Seine drei Söhne İbrahim, İlhan und Osman Halis Öztürk kamen 1979 nach. Nachdem Osman Halis Öztürk Jahre in einem türkischen Imbiss und in einer Bäckerei gebuckelt hatte, machte er sich 1990 mit einem schlichten Obst- und Gemüseladen an der Sonnenallee selbstständig. Sein Kalkül: Auch Migranten kochen »wie bei Muttern« und suchen vertraute Produkte. Die beiden Brüder stießen irgendwann dazu, man expandierte, nahm das deutsche Sortiment mit hinein und eröffnete einen Laden mit 1.000 Quadratmetern Verkaufsfläche im Herzen Schönebergs.

Öztürks haben erkannt, dass sie mit dem Wandel Schritt halten müssen, um Tante Emmas Ladenschicksal zu entgehen. Öz-Gida verkauft heute mit 40 Mitarbeitern 10.000 Artikel – einfach alles, nur ohne Schwein, Gelatine und Alkohol. Der Hobbykoch findet frische grüne Oliven und Mispeln, Johannisbrot und Kaktusfeigen, Wildgurken und junge Melonen, Merguez zum Grillen und leckere Pelmeni, griechischen Bergtee und Oregano in Bündeln, arabisches Harissa und Kardamon-Kaffee, getrockneten Fisch und geschächtetes Fleisch, italienische Pasta und russische Samoware. Nutella und Hohes C, Bionade und Bio-Kost, Spee und Ata gibt's auch. Sternekoch Tim Raue schwärmte einst vom Kalbskamm aus der Metzgerei des Öz-Gida, rühmte ihren sorgfältigen Umgang mit Innereien, freute sich über die Frische des Portulaks.

Vieles ist anderswo auch im Angebot, aber nicht in dieser Sortimentstiefe und kaum in diesem Preis-Leistungs-Verhältnis. Vor allem muss man eine so freundliche und aufgeräumte Atmosphäre suchen. Der Verkäufer am Gemüsestand kann auch beraten, wie man Imam bayıldı kocht. Das heißt: »Der Imam fiel verzückt in Ohnmacht« – und ist ein Auberginengericht.

Adresse Hauptstraße 16, 10827 Berlin (Schöneberg), Tel. 030/78715291, www.ozgida.de, ozgida@t-online.de | **ÖPNV** U7, Haltestelle Kleistpark, S1, Haltestelle Julius-Leber-Brücke, Bus M48, M85, 104, 106, 187, 204, Haltestelle Kaiser-Wilhelm-Platz | **Öffnungs-zeiten** Mo–Sa 8–20 Uhr | **Tipp** In eine ganz andere Welt taucht man ein im »tranxx«, einem Schwebebad in hochkonzentrierter Heilsole (Akazienstraße 27/28, www.tranxx.de).

70__Paint your style
Kreation auf Keramik

Oma hätte gerne was Selbstgemachtes vom Enkel. Einen Kultur-Trip nach Berlin finden Erwachsene sexy, doch die Kids maulen, wenn sie von einer Ausstellung in die andere geschleppt werden. Nur Gucken ist langweilig. Ein originelles Geschenk muss her! Seit 1997 bietet Paint your Style eine Lösung für diese Nöte. Im hellen, freundlichen Laden kann man sich unter 400 soliden Keramik-Rohlingen einen ausgucken und an schlichten Holztischen selbst bemalen. 70 Farben stehen zur Auswahl. Die Formen reichen vom Bilderrahmen über Likörhut und Aschenbecher bis zum Hundenapf. Die Renner sind allerdings Essteller, Müslischalen und Kaffeepötte. Das Bemalen kann kühn frei Schnauze geschehen. Für Vorsichtige gibt's Schablonen, Vorlagen, Stempel und Keramikpauspapier. Der Bleistiftstrich verschwindet ja später beim Brennen im Ofen. Wem gar nix einfällt oder wer handwerklich verzweifelt, mancher scheitert ja schon beim Bemalen eines Ostereis, kriegt freundlich Hilfe – durch technischen Rat oder kreative Tat. Den Kids macht das Werkeln Spaß, der Eierbecher mit dem Wellenmuster ist in Serie gegangen ... Das lästige Säubern von Pinsel und Arbeitsplatz darf den Mitarbeitern überlassen werden, welche Wonne.

Dann braucht man noch ein bisschen Geduld, denn die Stücke müssen mit Glasur versehen und bei über 1.000 Grad gebrannt werden. Nach einem, spätestens drei Tagen kann man das spülmaschinenfeste Keramik-Kunstwerk abholen. Im Preis für den Rohling sind Farben, Glasur und Brand inbegriffen, die Website nennt Preise und Maße.

Im Laden herrscht tagaus, tagein emsiges Treiben, nicht nur von Kids: Ob die Männer ihre Liebste mit einem ausgefallenen Geschenk überraschen möchten? Für wen ist wohl der Becher, auf dessen Boden »Willst Du mich heiraten?« gepinselt ist? Der Fußabdruck eines neuen Erdenbürgers auf einem Teller sei auch ein beliebtes Motiv, erzählt die Mitarbeiterin. Das kriegen selbst Farbenblinde hin.

Adresse a) Bleibtreustraße 46, 10623 Berlin (Charlottenburg), Tel. 030/88552223, www.paintyourstyle.de, bleibtreu46@paintyourstyle.de, b) Filiale am Mehringdamm 73, (Kreuzberg) | **ÖPNV** a) S 5, 7, 46, 75, Haltestelle Savignyplatz & b) U 6, 7, Bus 140, M 19, Haltestelle Mehringdamm | **Öffnungszeiten** Jan–Okt Mo–Sa 12–21 Uhr, Nov & Dez auch Sa & So 11–21 Uhr | **Tipp** Weiß-Porzellan, auch gebraucht, verschönt Porzellan-malerin Heike Tropisch in Schöneberg (Tel. 030/78712506, www.porcelaindesign.com).

71_ Paper & Tea

I drink tea, my dear

Ende 2012 hat in der Bleibtreustraße ein Concept Store für Tee eröffnet. Concept Store ist was für Leute, die sich den Stil-Coach sparen wollen, mokieren sich böse Zungen. Die Inhaber solcher Läden verstehen sich nämlich als Kuratoren eines hoch individuellen Sortiments.

Jens de Gruyter hat sich für einen offenen Showroom entschieden, in dem er 70 exquisite und seltene Tees aus sieben Ländern präsentiert. Hier wandelt der Kunde umher und informiert sich selbst, Bedientheke mit Schnupperdosen war mal. Schlichte Tabletts präsentieren pro Sorte eine Glasschale zum Riechen, Begutachten und Fühlen sowie eine Tafel mit Herkunft, Produktionsverfahren, Aufguss und Geschmack. So was kennt man sonst eher aus naturwissenschaftlichen Sammlungen, in denen Käfer unter Glas aufgepiekst sind. Die Tees sind nach dem Oxidationsgrad geordnet: die Runde reicht vom Weißen Tee, über Grüne und Gelbe, Oolongs, Schwarze bis hin zum Pu-Erh-Tee und Kräutertee. Der Kunde kann sich seinen Wunsch-Tee auch an einer Tee-Station im Gong-Fu-Stil aufbrühen lassen. Dabei wird ein Esslöffel Tee in einer kleinen Glaskanne kurz aufgeweckt, also gewaschen, dann kaum eine Minute – jedoch wiederholt – aufgebrüht. Die Tees werden zu 20, 50, 100 Gramm verkauft – vakuumverpackt.

Der verkostete White Whisper, ein rarer Weißtee aus Kenia, ist ein subtiler First-Flush-Genuss mit feiner Süße und floraler Note, der auf der Welt-Teeausstellung 2011 ausgezeichnet wurde. Abweichend vom Reinheitsgebot findet man auch Darjeeling aus Nepal, der mit Bourbon-Vanille parfümiert ist, und einen Yunnan Schwarztee, den feinherbe Bitterorange aromatisiert. An den Wänden ringsum sind viele schöne Teekeramiken ausgestellt.

Weil Teetrinken viel mit Kommunikation und Kreativität zu tun habe, so der Chief-Teaist, verkauft der Laden auch sorgfältig gestaltete Karten, Notizbücher und Kalender. Teegebäck sieht das puristische Konzept nicht vor.

Adresse Bleibtreustraße 4, 10623 Berlin (Charlottenburg), Tel. 030/95615468, www.paperandtea.com, service@paperandtea.com | **ÖPNV** S 5, 7, 46, 75, Bus M 49, Halte-stelle Savignyplatz | **Öffnungszeiten** Mo–Sa 11–20 Uhr | **Tipp** Stilvoll verarmen beim Afternoon Tea oder einer Französischen Teezeremonie in der Tea Lounge des Ritz-Carl-ton, Potsdamer Platz 3.

72 Paul Knopf

Knopfreich

Wie viele Knöpfe es denn nun seien, will eine Kundin wissen. Anderthalb Millionen Einzelexemplare, habe sie gelesen, kämen im 20 Quadratmeter kleinen Ladenraum zusammen. Paul Knopf, das ist seit vielen Jahren sein Künstlername, zieht die Braue hoch. Wo das Auge in dem dicht mit Regalen und Tresen möblierten Raum hinsieht, es blickt auf Knöpfe. In Schachteln, Schubladen und Schatullen, Körbchen und Röhrchen, die Regale reichen bis zur Zimmerdecke. Er hat Knöpfe wie Dagobert Duck Moneten – in allen Farben und aus Porzellan, Glas, Metall, Kunststoffen oder aus Naturmaterialien wie Hirschhorn, Tierbein, Wurzeln, Nüssen, duftenden Eukalyptussamen, Obstkernen, historischem Perlmutt. Im Hinterzimmer sägt, bohrt, fräst, stanzt und lötet er Knöpfe aus allem, was ihm wert scheint, ein Knopf zu werden. Schreibmaschinentasten zum Beispiel. Oder Mon-Chérie-Einwickel-Folie. Oder Plastik-Muttern. Oder Fünf-Pfennig-Stücke.

Hier findet die Theaterausstatterin historische Uniformknöpfe, ein älterer Herr aus Essen bejubelt den Ersatz für einen fehlenden Knopf vom Sakko, ein Student will seine Liebste mit großgemusterten Knöpfen überraschen, die zum Kleiderstoff vom Flohmarkt passen. Nicht »steinreich« müsste es heißen, sondern »knopfreich«, meint er nebenbei. Paul Knopf schmunzelt über das Wortspiel. Schon als Schüler hat er Knöpfe verkauft. Was zur Aufbesserung des Taschengelds geplant war, wurde zur Passion. Seit 1979 gibt es sein Paradies für alle Liebhaberinnen und Liebhaber kunstvoll gearbeiteter Verschlüsse. Damit die Kunden zum passenden Knopf finden, leisten Paul Knopf und seine Mitarbeiter Lotsendienste. Nähseiden und -garne, Borten und Schnallen, Haken, Ösen und Nieten gibt's übrigens auch.

Die Knöpfe & Co könne niemand zählen, befindet Paul Knopf am Ende zwinkernd: »Wer hier genaue Daten haben möchte, kann auch gleich damit anfangen, die Sterne zu zählen!« Ein Himmelreich für einen Knopf!

Adresse Zossener Straße 10, 10961 Berlin (Kreuzberg), Tel. 030/6921212, www.paulknopf.de, info@paulknopf.de | **ÖPNV** U7, Bus 140, 248, Haltestelle Gneisenaustraße | **Öffnungszeiten** Di & Fr 9–18 Uhr, Mi & Do 14–18 Uhr | **Tipp** In direkter Nachbarschaft, auf dem sehenswerten und künstlerisch bedeutsamen Dreifaltigkeitsfriedhof, liegen die eleganten Berliner Salonièren Rahel Varnhagen und Henriette Herz begraben. Ihre große Zeit, die Romantik, lebt heute in den Berliner Salons weiter.

73 __ petit cochon
Schweinchen und Spatzen

Hübsch sollen Kindersachen sein, praktisch und robust. Noch besser, wenn sie länger als eine Saison passen. Am besten können die Kleinen die Sachen selbst anziehen, weil die Verschlüsse danach sind und der Schnitt auch verkehrt rum noch aussieht. Supersondergut, wenn die Klamotten nicht in einem fernöstlichen Sweatshop von Geknechteten gefertigt werden, sondern in Berlin und aus Naturstoffen mit Ökotex-Standard. Ach so, bezahlbar soll's auch noch sein? Gibt's nich?

Doch, beim jungen Berliner Kindermode-Label petit cochon. Selina Schweiker und Friederike Sirin haben beide drei Kinder, und weil im Freundeskreis ankam, was sie für ihre Jüngsten fabrizierten, vertreiben sie ihre Klamotten in den Größen 56 bis 146 in einem winzigen Geschäft. Die Regale bestehen aus Weinkisten, die Wände zeugen von zig Schichten alter Tapeten.

Alles ist handgenäht, bequem und so geschnitten, dass es zwei bis drei Jahre passt. Krempelbare Bündchen an Ärmeln, Beinen und in der Taille machen's möglich. Aus dem Ballonkleid wird ein Pulli. Die Leinen-Baumwoll-Hosen im Fischgratmuster, die zunächst wie Pumphosen wirken, wachsen sich zu Heringsknickern aus à la »Emil und die Detektive«. Das Wende-Hängerchen mausert sich zum Top. Die Sweatjacken können auch als Pullis getragen werden und haben eine schräge, farblich abgesetzte Knopfleiste. Da die meisten Sachen unisex sind, können Geschwister sie abwechselnd tragen. Besonders witzig und nachhaltig sind die Recycling-Jeans. Wer fünf Erwachsenenjeans bringt, darf eine Kinder-Recycling-Buxe mitnehmen. Die gedeckten Unis, Stein, Pflaume, Malve, Puderrosa oder Schokobraun, setzen einen japanisch eleganten Akzent. Muster gibt's kaum, höchstens mal Karo bei den Taschen, Ringel oder Pünktchen im Futter.

Petit cochon heißt »kleines Schwein«, was die französische Entsprechung zu Dreckspatz ist. Das ist nicht nur niedlich, sondern auch intelligent. Genau wie das Konzept.

Adresse Kaiserkorso 1, 12101 Berlin (Tempelhof), Tel. 0176/72341287, www.petit-co.com, info@petit-co.com | **ÖPNV** U 6, Bus 104, 248, Haltestelle Platz der Luftbrücke, Bus 248, Haltestelle Kaiserkorso | **Öffnungszeiten** Mo, Mi, Fr, Sa 11–14 Uhr & nach Vereinbarung | **Tipp** Einen weiten Himmel für Groß und Klein bietet das Tempelhofer Feld.

74_ Pets Deli
Feinkost für Vierbeiner

Als Anfang 2014 am Roseneck ein Deli für Hunde eröffnete, geißelte eine Kinderschutzorganisation das Konzept als dekadent. Die Futterration für einen Hund koste mehr, als nach Hartz-IV-Satz dem Kind an Ernährungskosten zugestanden werde. Obschon das eine mit dem anderen so gar nichts zu tun hat, rauschte der Blätterwald ein paar Tage.

Über die mediale Resonanz kann David Spanier froh sein. Er kam auf die Idee, weil sein Labrador Lilly Magenprobleme hatte. Notgedrungen interessierte sich der 31-Jährige für die Zusammensetzung üblicher Hundenahrung. Und erschrak. Auf dem Etikett las er von tierischen Nebenerzeugnissen und fand heraus, dass darunter alle Teile des Schlachttieres fallen, die nicht als Lebensmittel verwendet werden. Also ernährungsphysiologisch wertvolle Innereien genauso wie Krallen, Federn, Augen und Kiefer. Seit er Lilly frisch und ausgewogen ernährt, gehe es dem Hund viel besser, sagt er.

In der Theke stehen blitzsaubere Schüsseln mit geschnittenem Frischfleisch, vom Rind über Huhn bis Känguru, alles in Lebensmittelqualität, blanchierte Karotten und Brokkoli, sättigender Kartoffelstampf und Reis. Alles ohne Zusatzstoffe. Dazu gibt's nach Gusto Banane, Beeren oder Apfel. In der Kühlung warten artgerecht zusammengesetzte Menüboxen im einstelligen Eurobereich auf hungrige Bellos. Zudem gibt's getrocknetes Fleisch, Snacks, Mixflocken, Heilkräuter und Lachsöl.

Geschäftsführerin Katharina Warkalla ist Tierarzthelferin, Physiotherapeutin und Ernährungsberaterin für Tiere. Sie hat beobachtet, dass das Frischfutter das Fell glänzender macht, die Tiere agiler sind, besser riechen, festeren Stuhl haben. Bei krankheits- oder rassebedingten Problemen stellt sie das Futter individuell zusammen.

Manche Hunde futtern ihre Ration auch gleich im Laden, derweil kann sich Herrchen einen Espresso im Lederfauteuil vor dem virtuellen Kamin gönnen. Der soll ja auch nicht leben wie ein Hund.

Adresse Teplitzer Straße 38, 14193 Berlin (Schmargendorf), Tel. 030/89640455, www.petsdeli.de, office@petsdeli.de | **ÖPNV** Bus 186, M 29, X 10, Haltestelle Teplitzer Straße, Bus 115, 249, Haltestelle Roseneck | **Öffnungszeiten** Mo–Fr 11–19 Uhr, Sa 9–17 Uhr | **Tipp** Vom Roseneck ist es nur ein Sprung zum großen Hundeauslauf, dem Grunewald.

75__Planet Wein

Bacchantische Vergnügungsstätte

»Weintrinker sehen gut aus, sind intelligent, sexy und gesund«, beschied einst Weinpapst Hugh Johnson. Wenn unsereins Zeitgenossen kennt, die sich mit dem edlen Rebsaft um Verstand, Gesundheit und den letzten Sexappeal gebracht haben, dann kann das nur daran liegen, dass die letzte Flasche schlecht war.

Das passiert einem bei Planet Wein nicht. Denn Anja Schröder ist eine kundige Beraterin, die ihre Lehrjahre in der Top-Gastronomie verbracht hat; zudem verkauft sie keinen Plempel. Allerdings kann man sich bei ihr festtrinken, wenn man sich erst einmal in einen der Lederfauteuils auf der Empore hat fallen lassen. Zumal jede Flasche ihres 600 Positionen umfassenden Sortiments gegen ein Korkgeld von fünf Euro die Flasche sofort geleert werden kann. Der große begehbare Wein-Klima-Schrank sorgt für die richtige Trinktemperatur. Gegen das unvermeidliche Loch-im-Bauch-Gefühl nach einem Glas Wein serviert sie Käse von Fritz Lloyd Blomeyer, frisch aufgeschnittenen Meißener Schinken, sächsische Gourmet-Blutwurst. Klingt ideal für ein Abend-Gelage? Leider schließt Planet Wein um 20 Uhr.

Der Weinfreund kann über seine Wein-Vorliebe oft nicht mehr verlauten lassen als: Hauptsache – lecker. Auch deshalb veranstaltet Plant Wein vinophile Abende. Da kredenzt Schröder dann 6–8 thematisch sortierte Weine und erläutert Grenache, cool climate wine oder Weinbasics. Manchmal wird blind verkostet, eine sensorische Herausforderung, oder Jahrgänge verglichen … Monatlich lädt sie zu einem kulinarischen Abend, an dem sie – launig moderierend – perfekt gereifte deutsche Käse mit sechs abgestimmten Weinen reicht. Ein Fläschchen vom Klingenberger Spätburgunder aus dem Haus Benedikt Baltes, ein Steinacker Riesling von Andi Rings oder der Blaufränkische Rabenkopf 2009 – danach erscheint einem jedes Gegenüber schön, sexy und intelligent. Darauf ein Gläschen Pi No Sekt Brut Gold vom Ökonomierat Rebholz.

Adresse Mohrenstraße 30 (Eingang: Charlottenstraße), 10117 Berlin (Mitte), Tel. 030/20454118, www.planet-weinhandel.de, info@planet-weinhandel.de | **ÖPNV** U 2, 6, Haltestelle Stadtmitte, U 2, Haltestelle Hausvogteiplatz | **Öffnungszeiten** Mo–Sa 12–20 Uhr | **Tipp** Wer noch nicht genug in der Krone hat, geht in die Cordobar, eine Weinbar in der Großen Hamburger Straße 32 (Mitte), die 18–2 Uhr geöffnet ist.

76__Playstixx

Lust ohne Reue

Das Studium hat Stefanie Dörr eigentlich dazu prädestiniert, ihre Objekte öffentlich auszustellen. Die gelernte Bildhauerin begann aber, sich Mitte der 1990er Jahre für Formen zu interessieren, die in der Kunstgeschichte zwar von Bedeutung sind, indes selten ohne Körper dran: Es geht um des Mannes bestes Stück in naturalistischer wie abstrahierter Form.

»Ich war ganz neu in Berlin, da habe ich Dildos und Vibratoren zum ersten Mal bewusst wahrgenommen. Mich hat fasziniert, wie schambesetzt nicht nur mein Umgang damit war. Meinem ganzen Umfeld ging es so«, erzählt Stefanie Dörr von den Anfängen. Heute stellt sie selbst welche her und vertreibt sie im Team mit zwei Kolleginnen. Ihre erotischen Spielsachen, wie sie ihre Produkte nennt, zeichnet neben der Farbigkeit das Material aus. Denn anders als Kondome unterliegen diese Gegenstände keinerlei Prüfungsverordnung. Dies führt dazu, dass die Produkte vieler Hersteller nicht immer frei von Weichmachern sind, die möglicherweise vom Körper aufgenommen werden.

Die playstixx-Werkstatt arbeitet mit antiallergenem Silikon aus dem medizinischen Bereich, auch die Farben sind schadstofffrei und geruchsneutral. 30 bis 40 Modelle entstehen in der eigenen Manufaktur. 2009 hat die Zeitschrift Öko-Test erotische Spielzeuge getestet, seither ziert den »Lipstick« von playstixx die Auszeichnung »sehr gut«. Die Lustspender werden von Hand gefertigt, jedes Stück ein Unikat, Farbwünsche werden gerne entgegengenommen. Weitere Modelle, Filme, Liebeskugeln und anderes kauft der Laden hinzu, wobei auch hier möglichst Produkte ohne Weichmacher ausgewählt werden. Noch eine Info für die Herren der Schöpfung: Mittlere bis kleinere Dildogrößen seien am meisten nachgefragt, berichtet die Spielzeugproduzentin der anderen Art. 2012 wurde ein Ladenraum mit Schaufenster bezogen. Seither stellt die Bildhauerin Stefanie Dörr ganz öffentlich mit Blick zur Straße aus.

Adresse Heimstraße 6, 10965 Berlin (Kreuzberg), 030/61659500, www.playstixx.de, info@playstixx.de | **ÖPNV** U7, Bus 140, 248, Haltestelle Gneisenaustraße | **Öffnungs-zeiten** Di–Fr 13.30–19 Uhr, Sa 12–17 Uhr | **Tipp** Schöne, hochwertige Spielsachen und einen langlebigen Fuhrpark für die Jüngsten hat »Rasselfisch« im alten Postgebäude, Bergmannstraße 71/72.

77 — Preussische Spirituosen Manufaktur

Die Alchimisten von Schroff & Stahl

Die Preussische Spirituosen Manufaktur wurde 1874 auf Geheiß des Kabinetts als Versuchs- und Lehranstalt gegründet. Sie sollte den brandenburgischen Kartoffelbauern ein sicheres Einkommen gewähren. Was die Bauern zu viel produzierten, wurde zu Alkohol gebrannt. Leiter Max Delbrück baute das Ganze zu einer Lehranstalt für Destillateure aus, was sie auch noch ist.

Heute wird gar nicht mehr gebrannt, sondern exquisit veredelt. Durch Mazeration oder Destillation mit Alkohol oder Wasserdampf wird etwa 200 Rohstoffen – Wurzeln, Kräuter, Blüten, Früchte, Samen, Schalen, Rinden, Hölzer und Harze aus aller Welt – die Essenz extrahiert und der zugekaufte Alkohol, meist Weizenfeinbrand, damit geschmacklich aufgenordet: von Delbrücks Adler Dry Gin und Kurfürstlichem Magenbitter nach Geheimrezept über Danziger Goldwasser mit echtem Blattgold bis hin zum Ingwerlikör und Waldhimbeergeist.

Der Spiritus Rector dieser mittelalterlich anmutenden Alchimistenküche ist Ulf Stahl, Direktor des Instituts für Gärungsgewerbe der TU. Sein Adlatus Gerald Schroff stammt aus einem Schwarzwälder Schnapsbrennerdorf und bringt die 35 unterschiedlichen Premium-Produkte in den Markt. Die hat die junge Meisterin der Hexenküche, Janine Mlitzke, zuvor zwischen Kupferkesseln, Apothekengläsern und Steingutkrügen und aus Aromen wie Tausendgüldenkraut, Kubeben, Ivakraut oder Quassiaholz destilliert.

Die Böden Süddeutschlands haben von jeher reichen Früchtesegen und gute Obstbrennereien hervorgebracht. Der märkische Sand ist mager, aber beheimatet Menschen, die aus Kargem das Beste herauszuholen verstehen. Aus Hagebutte, Arrak, Portwein und Weißwein wird mit Zitrone und Vanille ein wunderbar feinherber, aromatischer und fast exotischer Schwedenpunsch. Die Toten Hosen haben recht: Kein Alkohol ist auch keine Lösung.

Adresse Seestraße 13, 13353 Berlin (Wedding), Tel. 030/45028537, www.psmberlin.de, info@psmberlin.de | **ÖPNV** U 6, Tram 50, M 13, Bus 106, 120, Haltestelle Seestraße | **Öffnungszeiten** Mo – Fr 9 – 19 Uhr, Führungen nur nach Vereinbarung | **Tipp** Dank kräftigem Sud, 6,3 %vol und mächtig dunklem Malz rechnet die Hausbrauerei Eschenbräu (www.eschenbraeu.de) im Wedding, Triftstraße 67, so: vier Bock sind auch ein Schnitzel.

78__Rianna in Berlin

Feuerwerk der Farben

Einst hatte das kleine Mädchen die Kommode seiner Mutter nach Tüchern, Glitzer-Broschen, baumelnden Ohrringen und auffälligen Taschen durchwühlt, sich möglichst alles gleichzeitig angehost und umgehängt und war dann durch die Wohnung stolziert, als sei sie die Prinzessin von Saba – ungerührt, dass die großen Lackpumps von den kleinen Füßen schlappten.

Heute geht das Weib zu Rianna Kourou. Die liegt nicht, nein, sie thront wie eine Odaliske hinter einem großen Glastisch, der voller Preziosen liegt. Die Griechin präsentiert stolz einen Hochzeitsmantel von Balenciaga aus den 1960er Jahren in Crème, einen innen wie außen identisch gemusterten Mantel von Hermès aus den 1970er Jahren, ein türkis-lila Ikat-Seiden-Ensemble von Valentino, üppigen Modeschmuck von Yves Saint Laurent nach einem Entwurf von Robert Goossens. Solch sexy Look zieht auch männliche Kunden an, die auf der Jagd nach einem schönen Geschenk für die Liebste sind.

Rianna Kourou hat vor Jahren fürs Kostümbild von Bühne und Film gearbeitet. Sie hat einen sicheren Blick für schöne Materialien und eigenwillige Designer, High End Vintage eben, und mag Muster und Farben – und wie. Vor allem aber weiß sie, wie man Vorgefundenes zu einem individuellen Look kombiniert. Aus alten Seidenfoulards, Wolltüchern oder Gobelins designt sie neue Kleidungsstücke, Ledertaschen und Weekender, die in Griechenland genäht werden. Ihr modisches Gespür ist offenbar den Genen geschuldet, ihre Mutter Käthe ist der kreative Kopf hinter dem Modeschmucklabel »Kaete Lilo«. Aus deren Hand stammen extravagante Armreifen mit zarten Federn, Tierskulpturen oder einer Blüte aus Muranoglas.

In diesem Schatzkästlein voller Wunderdinge wartet auch eine hochelegante schwarze Art-déco-Veloursledertasche mit glänzendem Metallrahmen und in Tipptopp-Verfassung auf eine Liebhaberin. Schade, dass das Format der Bewunderin und das der Tasche nicht recht harmonieren wollen.

Adresse Große Hamburger Straße 25, 10115 Berlin (Mitte), Tel. 030/86450918, www.riannainberlin.com, info@riannainberlin.com | **ÖPNV** S 5,7, 75, Tram 12, M 1, M 4, M 5, M 6, Bus M 5, Haltestelle Hackescher Markt, Tram 12, M 1, Haltestelle Monbijouplatz | **Öffnungszeiten** Mo – Sa 12 – 19 Uhr | **Tipp** Rianna hat in der Steinstraße 4 (Mitte) ein zweites Geschäft eröffnet, das »cabinet de curiosités«, das sich auf ausgefallene Einrichtungsgegenstände konzentriert.

79__Rita in Palma
Integrative Kragen

Ann-Kathrin Carstensen hat eine Vision. Die junge Frau wünscht sich, dass ihre Frauen und sie eines Tages für Karl Lagerfeld produzieren dürfen. Von ihren zarten Kragen mit grafischen Mustern oder dreidimensionalen Blumenformen passen viele hervorragend zu Chanel. Die Häkelspitze, die wie ein Cluster aus Seifenblasen anmutet, und das Garncollier mit dem streng geometrischen Muster scheinen nur darauf zu warten, sich sanft an einen zierlichen Hals zu schmiegen.

Stellen wir uns also vor: Lagerfeld reist nach Neukölln. Vor wenigen Jahren hätte der Taxifahrer dieses Ziel nur ungern angesteuert. Das im Norden angrenzende Rollbergviertel, Neubauten aus den 1970er Jahren, galt in den Nullerjahren als Problemkiez und wurde stets in einem Atemzug mit der Rütli-Schule genannt. Die studierte Modedesignerin Ann-Kathrin konnte das nicht schrecken, als sie, anfangs mit einer Partnerin, die Idee zum Label hatte. 2010 ging es mit Rita in Palma los – erst ohne Laden. Heute zaubern in der Werkstatt türkische Frauen filigrane Kunstwerke, Ohrringe und kleinere Schmuckstücke. Ein Dutzend Läden verkauft bundesweit ihre Häkelaccessoires. Lagerfeld würde dort einem knappen Dutzend Damen bei der Arbeit zusehen können, neben ihnen dampfender Tee und Baklava. Die Migrantinnen haben damit nicht nur eine Aufgabe gefunden, mit der sie Geld verdienen können, »İğne Oyası« und andere traditionelle Nadelkünste aus der Türkei wurden dem Vergessen entrissen. Zum Designlabel kam ein Kulturverein hinzu, nebenbei werden Entspannungstechniken sowie Deutsch und Türkisch vermittelt. Das hat dem Projekt sogar den Integrationspreis der Bundeskanzlerin eingebracht.

Ann-Kathrin arbeitet hart für die Erfüllung ihres Traums. Eines Tages habe sie einen schwarzen Kragen in der Pariser Rue Cambon abgegeben, ergänzt durch ein Liebesbriefchen für Herrn Lagerfeld, sagt sie und lacht glockenhell. Monsieur, kommen Sie nach Berlin!

Adresse Feldstraße 32, 13585 Berlin (Spandau), Tel. 030/3332871, www.pferdemetzger-berlin.de | **ÖPNV** U 7, Bus X 33, Haltestelle Altstadt Spandau, Bus 134, Haltestelle Kurze Straße/Mittelstraße | **Öffnungszeiten** Di–Do 8–13 & 15–18 Uhr, Fr 8–18 Uhr, Sa 8–13 Uhr | **Tipp** Das Casolare in Kreuzberg (Grimmstraße 30) serviert Pizza mit Pferdefleisch.

81 Royal Fisch Deluxe

Der Fischmann un sin Fru

Wer aus dem U-Bahn-Schacht Wedding Richtung Lindower Straße aufsteigt, erlebt die raue Unwirtlichkeit eines großstädtischen Verkehrsknotenpunktes. Die kurze Lindower Straße beginnt mit Schwarzmarktbuden aus der Nachkriegszeit, alsdann buntes Berlin: die Diskothek BarSolut Polska, der afrikanische Import, der Festsaal Maksim, der kleine türkische Tante-Emma-Laden, der noch türkische Knoblauchwurst nach Originalrezept herstellt, ein Abschleppdienst, eine sunnitische und eine alevitische Moschee koexistieren friedlich nebeneinander. Im verschachtelten Gebäudekomplex im Haus Nummer 18, in dem Harun und Elif Yildirimel ihren Laden haben, waren schon ein Geldschrankhersteller und einen Sommer lang das experimentelle Kunstprojekt Mica Moca angesiedelt. Heute residiert im Hof das Kinder- und Familienzentrum »Schalasch«, in dem man usbekischen und orientalischen Tanz lernen kann.

Elif Yildirimel aus Anatolien und ihr Mann Harun von der Schwarzmeerküste sind in diesem kulturellen Flickenteppich aufgewachsen. Weil sie samt Kindern schon lange im Kiez leben, sind sie hier mit Mensch und Ding vertraut. Sonst wäre der Start ihrer Selbstständigkeit mit einem Fischgeschäft 2007 vielleicht ein bisschen holpriger ausgefallen. Bereits zwei Jahre später machen sie ein zweites Geschäft in der Stettiner Straße 59 auf.

Royal Fisch Deluxe ist ein freundlicher Familienbetrieb alter Prägung, ein gut sortierter Fischladen und ein Großhandel, der die Gastronomie beliefert. Der schnelle Warenumsatz sorgt für frischen Fisch in schöner Auswahl und zu vernünftigem Preis: Pagelli, eine Brasse, Sardellen, Bonito, Steinbutt, Forellen und Dorade Royal aus Wildfang und auch Karpfen.

Der freundliche Verkäufer mit Rollrandmütze und schwarzem Schnurrbart nimmt den Fisch sorgfältig aus, schneidet die Flossen ab, berät zur Aufbewahrung. Nirgends Chichi, nur guter Fisch. Und ein Lächeln gratis. Beides in Berlin Mangelware.

Adresse Lindower Straße 18, 13347 Berlin (Wedding), Tel. 030/46905787/88, www.royalfischdeluxe.de, royalfischdeluxe@hotmail.de | **ÖPNV** S 41, 42, U 6, Haltestelle Wedding | **Öffnungszeiten** Mo – Fr 9.30 – 19 Uhr, Sa 9 – 18 Uhr | **Tipp** Dort, wo Frauen und Männer zu Beginn des letzten Jahrhunderts noch getrennt in zwei Hallen ihre Bahnen zogen, setzen heute Kreative aus aller Welt ihre Ideen um: Stattbad Wedding, Gerichtstraße 65 (www.stattbad.net).

82 Saxonia Drogerie

Eine der Letzten ihrer Art

Claudia Czekalla stammt aus einer Drogistenfamilie, und so hat auch sie Drogistin gelernt. Damals ahnte sie noch nicht, wie der Fall der Preisbindung für Drogerieartikel den Markt verändern würde. 1974 war das, die aufkommenden Drogeriemärkte gruben den Drogerien alten Zuschnitts durch Preiskampf das Wasser ab.

Die Saxonia Drogerie ist ein Dinosaurier. Es gibt sie seit 1893, wenn auch nicht an diesem Standort. Nicht die Einrichtung, sondern das Sortiment kündet von einer anderen Zeit. Einer Zeit, als sich die Dame von Welt mit Kamm aus Horn und Bürste mit Wildschweinborsten frisierte. Nicht aus Snobismus, sondern weil man noch wusste, dass Haar durch regelmäßiges Bürsten mit einer solchen Bürste glänzend schön wird. Denn die Wildschweinborste nimmt Talg und Fett von der Kopfhaut auf und gibt sie während des Bürstens an zu trockene Haarbereiche ab. Einer Zeit, als der Herr von Welt jeden Morgen den Dachshaarpinsel zur Hand nahm, um aus feinster italienischer oder englischer Rasierseife den sahnigen Schaum in einem Porzellangefäß zu schlagen. Der Alaunstift stand für Notfälle schon bereit.

Ja, es gibt sie noch: diese und andere nützliche Dinge in der Knesebeckstraße – lose Heilkräuter, ausgewählte Kosmetik und Düfte, Hennaprodukte und schöne Seifen aus England, Frankreich und Portugal, ätherische Öle und biologische Reformprodukte, wirksame Schädlingsbekämpfungsmittel. Man findet auch reine Stearin- und Puppenkerzen, Zubehör für die Wein- oder Bierherstellung, Essigmutter und Weingeist, Chemikalien und Trockenspiritus.

Wer den Laden betritt, riecht, sieht und spürt eine untergehende Welt. Claudia Czekalla geht mit dem Wandel, so gut sie kann, passt das Sortiment der Nachfrage an, aber eine nächste Generation wird das Geschäft kaum ernähren können. Das Schicksal der Letzten: Damit geht auch eine spezifische Sach- und Warenkenntnis verloren, die sich seit dem Mittelalter entwickelt hat.

Adresse Knesebeckstraße 13–14, 10623 Berlin (Charlottenburg), Tel. 030/3137296, www.saxonia-drogerie.de, info@saxonia-drogerie.de | ÖPNV S 5, 7, 75, U 1, 2, 9, verschiedene Buslinien, Haltestelle Zoologischer Garten, U 1, 2, Bus 245, M 45, X 9, Haltestelle Ernst-Reuter-Platz | **Öffnungszeiten** Mo–Fr 10–18 Uhr, Sa 10–14 Uhr | **Tipp** In der Pestalozzistraße 105 liegt einer der besten deutschen Jazzclubs, der internationales und täglich wechselndes Programm bietet: A-Trane.

83__Schirm-Schirmer

Schirmherrin der Hauptstadt

Das Schaufenster mit der hölzernen Auslagefläche ist absolut 60er Jahre. Erhabene silberne Lettern künden vom Namen des Geschäfts: Schirm-Schirmer. Das ist kein müder Werbe-Kalauer, sondern der ehrenwerte Name eines der ältesten Fachgeschäfte Berlins. Der Laden für Paraplüs wurde 1908 eröffnet, 1995 übernahm ihn Jacqueline Brückner von ihrem Onkel. Die gelernte Uhrmacherin stammte aus einer Babelsberger Schirmmacherfamilie, ihr Großvater war immerhin Obermeister des Landes Brandenburg gewesen. Die alte Registrierkasse der Schirmers tut noch immer ihren Dienst.

In dem putzig altmodischen Laden drängen sich Regen- und Sonnenschutzvorrichtungen jeglicher Art und Couleur sowie Gehstöcke. Portierschirme mit Riesendach, ultraleichte Geheimagenten-Modelle aus Titan, ein Schirmchen, das mit Swarowski-Kristallen besetzt ist, achteckige und quadratische, Pagoden- und Mützenschirme, also vorne kurz, hinten lang. Transparenter Kunststoff, kariertes Nylon, bunter Satin, weiße Spitze, Gestelle aus Fiberglas oder Carbon, Griffe aus Plastik, Alu, Leder, Bambus oder Kastanienholz. Schirme mit mehr als den üblichen acht Segmenten, was sie schwerer, aber auch »runder« und windstabiler macht. Es finden sich auch Geh- und Frackstöcke, Sonnen- und Hochzeitsschirme, Glocken- und Kinderschirme unter den vielen Modellen.

Schirmmacher sind eine aussterbende Spezies. Wer lässt heute schon einen Schirm neu bespannen, wie das früher üblich war? Wenn die Stange bricht oder die Speiche erneuert werden muss und sich der Aufwand lohnt, wird in einer Werkstatt direkt hinterm Laden repariert: »Jar keen Problem.« Im Sortiment fehlt nur der Regenschirm aus Amerika, der am Körper befestigt wird und sich über den Kopf klappen lässt. Damit ist man vor Regen geschützt und hat trotzdem die Hände frei für die wichtigen Dinge im Leben – das Smartphone, den Mops und den Liebsten. In dieser Reihenfolge.

Adresse Kieler Straße 6, 12163 Berlin (Steglitz), Tel. 030/7916624 | ÖPNV S 1, U 9, Haltestelle Rathaus Steglitz, Bus 186, 282, M 48, M 85, Haltestelle Kieler Straße | Öffnungszeiten Mo–Fr 10–18 Uhr, Sa 11–15 Uhr | Tipp Ganz in der Nähe befindet sich ein ausgezeichnet sortiertes Geschäft für Pfeifen und Rauch-Zubehör: Hans W. Hildebrandt, Muthesiusstraße 9.

84 _ Schropp
Finger-Reisen

Als Simon Schropp 1742 vom preußischen König die Erlaubnis erhielt, mit Landkarten zu handeln, schienen die geschäftlichen Aussichten gut. Denn Friedrich II. hatte große militärische und zivile Ambitionen, die korrekte topografische Informationen verlangten. Doch die einheimischen Landvermesser, Kartenzeichner und -stecher wurden kaum beauftragt. Die französischen Spezialisten hatten die Nase vorn. Erst Ende des 18. Jahrhunderts waren Schropp und Co zu den führenden Landkartenhändlern und -verlegern Berlins, ja Preußens avanciert.

Der Sortimentskatalog aus der Zeit macht den Anspruch deutlich, alle Bedürfnisse der »Liebhaber der Erdkunde und damit verwandter Wissenschaften« befriedigen zu wollen: »Zu größerer Bequemlichkeit der Herren Käufer übernehmen wir die Sorge, die Landkarten auf Leinwand zu ziehen, oder sonst nach dem Wunsche eines jeden einrichten zu lassen.« Das gilt bis heute. Planokarten gibt's historisch, topografisch, geografisch, politisch, auch als Relief. Die Karten, die auf den Messtischblättern des brandenburgischen Landesvermessungsamtes beruhen, machen jeden Erdhügel sichtbar. Outdoor-Fans finden Wander- und Wasserkarten im größten Maßstab und für die entlegensten Gebiete, selbst für Patagonien. Auch Vogelkarten für Südafrika und Heimatkarten aus Westpreußen führt Schropp. Wer aufs GPS-Gerät setzen will und schon beim Navi verzweifelt, erhält hier Schulung. Zu allen Reisegebieten existiert auch eine gut sortierte Literaturauswahl.

Nachdem Schropp die Verlagsrechte für die Globen des Leipzigers Christian Gottlieb Riedig übernommen hatte, wurde das Angebot auf Globen und astronomische Geräte erweitert. Die Auswahl an Globen ist die größte in Berlin, mehr als 80 Varianten.

Kurzum: Schropp ist eine Fundgrube für Menschen, die gerne Reisen im Kopf unternehmen. Und für den Berliner, der aus seinem Kiez partout nicht raus will, gibt's einen Globus fürs Stadtgebiet.

Adresse Hardenbergstraße 9a, 10623 Berlin (Charlottenburg), Tel. 030/23557320, www.schropp.de, landkarten@schropp.de | **ÖPNV** U 1, 2, Bus 245, M 45, X 9, Haltestelle Ernst-Reuter-Platz, S 5, 7, 75, U 1, 2, 9, verschiedene Buslinien, Haltestelle Zoologischer Garten | **Öffnungszeiten** Mo–Fr 10–20 Uhr, Sa 10–18 Uhr | **Tipp** Die Sammlung kartografischer Materialien in der Staatsbibliothek reicht bis 1661 zurück, historische Karten sind im Kartenlesesaal (Unter den Linden 8, 10117 Berlin) einzusehen.

85 Schwarzer Reiter

Spiel mit mir

Attraktiver Mann mit Maske und im wehenden Umhang zieht keusche Jungfrau zu sich aufs Pferd und reitet in die dunkle Nacht. Was danach passiert, blendet der romantische Mantel-und-Degen-Film aus, also springt das Kopfkino an. Autorin E. L. James hat das lustvolle Spiel mit der Macht ausgemalt und so Fetisch-Phantasien gesellschaftsfähig gemacht, doch die Wünsche sind älter als das Buch.

Die Briefschaft des Herrn enthält seine Einladung: Erwarte dich heute Abend um 21 Uhr im Club ... Der Schwarze Reiter, ein elegant in Schwarz und Violett eingerichteter Flagstore für erotischen Lifestyle und Couture, hat das Equipment für alle Rollenvarianten von Anfänger bis fortgeschritten: paillettenbesetzte Leder-Cuffs, Fascinator mit dunklem Gesichtsschleier, funkelnde Plugs, Riemenpeitschen in Wildleder, Augenbinden aus Seidensatin, die sich auch für kleine Fesselungen eignen, ein Lederpaddle mit rotem Herz und Handschlaufe, schnittige Gerten, Mundknebel, Bondageseile. Für die Fetisch-Learner gibt's kundig zusammengestellte Spiel-Packages fürs Kopfkino, die neben dramaturgischen Hinweisen zur behutsamen Grenzüberschreitung auch die nötigen Accessoires enthalten.

Fehlt nur noch was zum Anziehen für die Auszeit. Edin DeSosa, Modedesigner aus Berlin, liebt opulente Kreationen und entwirft für den Schwarzen Reiter sündige Outfits aus Lack und Leder, raschelnder Seide und transparenter Spitze für Sie und Ihn. Subtile Verführung statt plumper Anmache. Er spielt mit Durchblick und Einblick, flüchtig wechseln Sehen und Nicht-Sehen. Er provoziert nicht vulgär, er inszeniert das Begehren geheimnisvoll. Schnitt, Material, Passform und Look sind High Class. Deshalb darf der Schwarze Reiter als einziges Fetisch-Label auf der Fashion Week seine Kollektion zeigen.

Draußen ist's kalt, Ihr Geschöpf steht mit offenem Mantel und geschnürter Korsage vor dem knisternden Kaminfeuer. Worauf warten Sie noch?

Adresse Torstraße 3, 10119 Berlin (Mitte), Tel. 030/45034438, www.schwarzer-reiter.com, mail@schwarzer-reiter.com | **ÖPNV** U 2, Tram M 8, Bus 142, Haltestelle Rosa-Luxemburg-Platz, Tram M 2, M 8, Bus 142, 200, Haltestelle Mollstraße/Prenzlauer Allee | **Öffnungszeiten** Mo – Sa 12 – 20 Uhr | **Tipp** Unregelmäßig findet die Alter Ego Masquerade Dinner & Party statt. Regelmäßig Versuchsanstalt für Sinnlichkeitsforschung ist das DarkSide, Revaler Straße (Friedrichshain).

86__Sebastian Haase Schmuckdesign

Das Große im Kleinen

Am Rande Friedenaus hat Sebastian Haase 2001 einen gewöhnlichen Kiezladen in ein schmuckes Atelier verwandelt. Was in Wien Grätzl und in Köln Veedel heißt, ist in Berlin: Kiez. Gemeint ist ein gewachsenes Viertel, wo man sich kennt und in Laufnähe alles bekommt, was man braucht. Für normale Leute wollte Haase arbeiten, nicht für die internationale Klientel am Kurfürstendamm.

Beinahe wäre Haase Maschinenbauer geworden, dann sattelte er auf Goldschmied um. Die Arbeit am Material und das Indie-Welt-Setzen einer Idee interessierten ihn mehr als das Planen von Funktionalität. Die Faszination fürs Technische spürt man besonders bei seinem kinetischen Schmuck. Dabei rotieren einzelne Schmuckelemente, kontern oder schwingen – angestoßen durch die natürliche Bewegungsenergie der Trägerin. Vorgemacht hatte das in den 1960er Jahren der Düsseldorfer Lehrer für Gestaltung und Goldschmied Friedrich Becker. Seine Schmuckobjekte fanden über ein Mikrokugellager zu eigener Bewegung.

Haase gewinnt die Beweglichkeit anders: In einer Halbschale aus Gold kreiselt ein Brillant auf seiner Spitze. Das Gold ringsherum reflektiert und vervielfältigt die Facetten des Steins, eine feine Glasplatte verhindert, dass der Stein aus der Schale purzelt. Der kühle Stahl von Fassung und Ringschiene kontrastiert überzeugend mit einem staunenmachenden Feuerwerk. Ein Armband aus mattem Kautschuk trägt statt Uhrwerk eine kraftvolle runde Stahlfassung, in der ein Goldplättchen mit Brillant um eine unsichtbare Achse rotiert.

Nun ist beweglicher Unikatschmuck speziell. Aber die hohe Präzision und handwerkliche Qualität dieser Arbeiten kommt auch dem zugute, der eine Reparatur oder Umarbeitung, eine Perlenkette oder Ohrringe braucht. Haase macht Ernst mit Paul Klees Überzeugung, dass Schmuck nicht das Sichtbare wiedergibt, sondern sichtbar macht.

Adresse Bornstraße 16, 12163 Berlin (Friedenau), Tel. 030/85075845,
www.haase-schmuckdesign.de, sebastian.haase@t-online.de | ÖPNV U 9, Bus 181, 186,
M 48, M 76, M 85, X 76, Haltestelle Walter-Schreiber-Platz | Öffnungszeiten Di–Fr
11–18 Uhr, Sa 10–16 Uhr | Tipp Im Hochsommer kann man täglich (15–21 Uhr) am
Weinbrunnen vom Rüdesheimer Platz nett abhängen. Drei Rheingauer Winzer kredenzen
dort im Freien ihre Gewächse.

87__Smyrna Kuruyemis

Kreuzberg knabbert

Die deutsche Hauptstadt ist Heimat der größten türkischstämmigen Community außerhalb der Türkei. Als Koray Ceylan 1999 aus Izmir nach Berlin kam, erschien ihm daher ein Laden für Samen-, Trocken- und Hülsenfrüchte erfolgversprechend, eine Marktlücke geradezu. Er nannte ihn Smyrna Kuruyemis und platzierte ihn im quirligen Kreuzberg. Smyrna ist der alte lateinische Name für Izmir, und Kuruyemis heißt so viel wie »trockene Samenfrüchte«. Der Erfolg gab ihm recht, in Schönebergs Hauptstraße 10 machte er einen zweiten Laden auf, bald folgt der dritte in der Zossener Straße.

In der gläsernen, beleuchteten Auslage, die man schon von draußen sieht, tummeln sich 56 verschiedene Nüsse, Samen und Trockenfrüchte – salzig und süß, scharf oder nature, teigummantelt oder in Honig gewälzt. Fast wie auf einem orientalischen Basar. Getrocknete schwarze Rosinen, Maulbeeren, Kornelkirschen, kandierte Erdbeeren sorgen für einen Hauch Exotik in der Vitrine. Alles wird lose verkauft und kann auch gleich an den rustikal-schlichten Kaffeehaus-Tischen geknispelt werden.

Eine Sünde wert ist das transparente, klebrige Lokum, eines der ältesten Konfekte der Welt. Am Tag des Fastenbrechens, dem »Seker Bayram« oder Zuckerfest, wird es traditionell an Verwandte und Nachbarn verteilt. Für Lokum wird mehrere Stunden ein Sirup aus Stärke und Zucker gekocht, mit aromatisierenden Zutaten versehen und am Ende in Würfel geschnitten und in Kokosraspeln oder Zucker gerollt. Das Lokum mit Granatäpfeln ist überraschend aromatisch und keineswegs pappsüß. Auch Napoleon und Winston Churchill sollen der Näscherei verfallen gewesen sein. Die Wirkungen auf die Manneskraft, die ihr auch zugeschrieben werden, sind freilich unbewiesen.

Ein türkisches Sprichwort lautet: »Süß lass uns essen, süß lass uns sprechen.« Dazu ein schwarzer Tee und ein Backgammon-Brett, schon scheint auch im nieseligen Berliner Winter die Sonne.

Adresse Oranienstraße 27, 10999 Berlin (Kreuzberg), Tel. 030/61107181, www.cerezci.de, info@cerezci.de | **ÖPNV** U 1, 8, Haltestelle Kottbusser Tor, Bus 140, 29, Haltestelle Adalbertstraße/Oranienstraße | **Öffnungszeiten** Mo–So 9–2 Uhr nachts | **Tipp** In der »Schokofabrik« (Mariannenstraße 6, Hinterhof) gibt es ein Hamam, ein türkisches Bad – nur für Frauen!

88__Soto

East of München

Die Torstraße, die bis 1994 noch brav Wilhelm-Pieck-Straße geheißen hatte, erlangte durch die »Russendisko« und den »Club der polnischen Versager« Berühmtheit. »Im Sommer platzt hier der Mond«, beschreibt ein Anrainer das quirlige Treiben. In dieser Straße residieren in friedlicher Koexistenz: die »Junge Welt«, ehemalige Jugendzeitung des ehemaligen Staates, die nicht untergegangen ist; der Privatclub Soho House, in dem George Clooney seine Berliner Bleibe hat, sowie die Filzpantoffeln des Günter Jünemann, die im alten Ostberlin der Verkaufsschlager zum Weihnachtsfest waren.

In dieser Straße eröffneten die drei Berlin-Mitte-Jungs mit Mode-Background David Fischer, Philip Gaedicke und Omer Ben-Michael 2010 einen Laden, den sie Soto nennen, kurz für: South of Torstraße. Klingt nach Soho? Ist sicher auch nicht unerwünscht. Hier kleide sich der »contemporary Berlin Mitte man« ein, sagt die ausschließlich englischsprachige Website. Gemeint ist wohl: Ganzjahreswollmützenträger mit MacBook unterm Arm und Mate trinkend. Die hellen Räume im angesagten Industriecharme präsentieren auf eine überaus ansprechende Weise eine wilde Melange europäischer, amerikanischer und japanischer Labels, die man in Berlin sonst kaum sieht. Vorwiegend für Männer. Norse Projects, Our Legacy, nanamica werden kombiniert mit Adam Kimmel, Thom Browne, Acne and Band Of Outsiders. Nike- und Common-Projects-Sneakers und handgemachte Mark-McNairy-Treter stehen nebeneinander. Es gibt schlichte und bezahlbare Hemden von A.O.CMS und luxuriöse Patrick-Ervell-Jacken, Barbour-Klassiker und edle Stücke von Dries van Noten und Aspesi. Insgesamt listet die Website mehr als 120 Brands.

Irgendwie ist das ein Hauch München in Berlin. Unmöglich? Der Späti im Haus Nr. 155 hat ja auch knapp 400 Weine zwischen sieben und siebzig Euro im Angebot, neben Tegernseer Spezial und Champagner. Soto ist Torstraße ist Dom Pérignon to go.

Adresse Torstraße 72, 10119 Berlin (Mitte), Tel. 030/25762070, www.sotostore.com, info@sotostore.com | **ÖPNV** U 2, Tram 8, Bus 142, Haltestelle Rosa-Luxemburg-Platz | **Öffnungszeiten** Mo–Fr 12–20 Uhr, Sa 11–20 Uhr | **Tipp** Erst im szenig vollen DUDU, Torstraße 134, pan-asiatische Aromen genießen und dann gegenüber in der Bonbon-Bar abhängen, und der Abend ist gefixed.

89__Sovrano

Zwischen Pepita, Panama und Pinstripe

Mancher fragt sich ernstlich, wo Dieter Bohlen diese schmalen Hemden mit den extravaganten Kragen herkriegt, in denen er sich gerade noch setzen kann. Bei Sovrano in den Friedrichstadt-Passagen findet er die Antwort. Hier machte der Fall der Mauer die hochfahrenden Pläne der DDR-Führung zunichte, aus der Friedrichstraße einen Prachtboulevard nach Pariser Vorbild mit sozialistischer Shopping-Mall zu errichten. Nach Abriss des Rohbaus realisierte Jean Nouvel im Norden die Galeries Lafayette. Im südlichen Teil, in dem Sovrano residiert, verband Oswald Mathias Ungers sorgfältige Proportionen mit feinsten Steindetails.

Sovrano nennt sich eine Manufaktur für Individualisten. Aus einem nordrhein-westfälischen Hemdenmaßschneider hat sich in 20 Jahren ein Filialist mit gut ein Dutzend Geschäften entwickelt. Zwar bietet er inzwischen auch Anzüge an, die größte Auswahl und die längste Expertise hat er jedoch für Hemden und Blusen im Business-Stil. Der Kunde lässt vor Ort Maß nehmen und wählt aus ein paar hundert Vollzwirn-Stoffen, Leinen und Dessins italienischer Weber aus: Fil-à-Fil-Bindung, Fischgrät, Vichy, Hahnentritt, Prince-of-Wales-Muster, Kreidestreifen, Fensterkaro, Pepita, Twill ... Am Tuch bemisst sich der Pauschalpreis für das Stück, alle Varianten von Kragen und Manschetten, Knöpfen und Naht, Initialen oder Namenszug sind inbegriffen. Der Schultersattel kann anders gemustert sein als der Rest. Das Krageninnenfutter darf mit weißen Pünktchen auf rotem Fond charmieren, der Kragen kann gedoppelt sein oder einen blauen Rand mit weißen Punkten haben, die Steppnähte können farblich gesondert ausgeführt werden, und die Knöpfe dürfen rot zwinkern. Eine wechselnde Pret-à-Porter-Kollektion inspiriert den Unentschlossenen. In Portugal und Italien wird genäht, drei Wochen später geliefert. Wer dem Tschador der Geschäftswelt einen spritzigen Akzent verpassen will, ist bei Sovrano gut aufgehoben.

Adresse Friedrichstraße 68–70, 10117 Berlin (Mitte), Tel. 030/20455550, www.sovrano.de, berlin@sovrano.de | **ÖPNV** U 2, 6, Haltestelle Stadtmitte | **Öffnungszeiten** Mo–Fr 10–20 Uhr, Sa 10–18 Uhr | **Tipp** »Marsano« (Charlottenstraße 75) inspiriert mit Blumen, Interieurs und Vintage-Artikeln.

90__Späti
Kiez-Seelsorge

Frank Sinatra rühmte einst New York als Stadt, die niemals schläft. Nachtaktiv sind in Berlin die Spätverkaufsstellen, kurz Späti genannt. Im Stadtgebiet gibt es etwa 1.000 davon, also kaum eine Straße ohne einen. Die Sonnenallee hat allein 17. Die Spätis sind so unterschiedlich wie ihre Betreiber: Deutsche, viele Türken, Araber, Asiaten. Fragt man einen Inhaber, was seinen Späti so besonders macht, antwortet der: »Na, icke.«

Der Späti verkauft Lebensmittel, legale Rauschmittel und Alltagskram. Man sitzt an einem wackligen Holztisch vor der Tür des Lieblings-Späti, wenn nichts Ess-und Trinkbares mehr im Hause ist, das Klopapier alle und die Spülmittelflasche leer. Oder wenn einem die Decke auf den Kopf zu fallen droht. Der Späti ist Verweilzone, Trinkhalle, Raucherecke, Instant-Trostspender und je nach Temperament und Talent des – meist männlichen – Betreibers auch Sozialstation für den Kiez. Wer lang genug sucht, kann zu später Stunde Buschtrommeln, Satelliten-Receiver, Märchenbücher, Elektroschocker oder ein Tortendekorationsset kaufen. Dank Durst-App kann man sich den nächsten Späti bequem auf dem Smartphone anzeigen lassen.

Der Bangladeshi Jashim-Uddin Kazi hat 2008 ein leer stehendes Ecklokal zum Spätkauf mit Kneipe ausgebaut, bietet neben Frühstück auch Kleidung und sponsert die kickernden Kids vom FC Rehberge. Im Späti »Whatever« verkauft die junge Guelcin Bayat ausschließlich Alkohol, und zwar auch hochpreisigen: Champagner, exquisite Weine, schottischen Whisky, Cidre und fast 300 Biersorten. Auch einrichtungstechnisch ist ihr cooler Späti exzeptionell. Doris Heil ist allein optisch Galaxien von ihr entfernt. In ihrer »Heil-Quelle« verkauft sie zeitgeistige Magazine und Süßkram ausm Glas sowie Baumarktartikel, allerdings nur bis 20 Uhr. Der väterliche Hassan in der »Eck-Oase« kocht auch für seine Kunden. Jeder Späti – ein Paralleluniversum. New York ist auch nicht bunter.

Adresse a) Jashims Tante-Emma-Laden, Otawistraße 23 (Wedding), b) Whatever, Torstraße 155 (Mitte), c) Heil-Quelle, Pannierstraße 58 (Neukölln), d) Eck-Oase, Flughafenstraße 26 (Neukölln) | **ÖPNV** a) U 6, Haltestelle Rehberge, Bus 221, Haltestelle Otawistraße, b) U 8, Haltestelle Rosenthaler Platz, c) Bus 171, 194, M 29, M 41, Haltestelle Sonnenallee/Pannierstraße, d) U 7, Haltestelle Rathaus Neukölln | **Öffnungszeiten** a) Mo – Fr 6 – 22 Uhr, Sa & So 8 – 22 Uhr, b) täglich 13 – 1 Uhr, c) Mo – Fr 8 – 20 Uhr, Sa 9 – 20 Uhr, So 10 – 16 Uhr, d) Öffnungszeiten unbekannt | **Tipp** Nächtliche Hungerattacken stillt rund um die Uhr das Schwarze Café in der Kantstraße 148 (Charlottenburg), das mehr Kneipe als Café ist. Vergessliche kriegen Medikamente und Kosmetik in der Apotheke im Hauptbahnhof (1. Stock), die einen 7/24-Betrieb hat.

91 Spitze

Pomade bis Pompadour

»Effi trug ein blau und weiß gestreiftes, halb kittelartiges Leinwand-
kleid, dem erst ein fest zusammengezogener, bronzefarbener Leder-
gürtel die Taille gab; der Hals war frei, und über Schulter und Na-
cken fiel ein breiter Matrosenkragen …« Die fünfte Neuverfilmung
des Fontane-Klassikers 2009 stattete die Kostümbildnerin mit 5.000
Kleidungsstücken aus. Effis Simpel-Kleidchen lässt sich flugs nach-
schneidern, aber ein mit Brüsseler Spitze gesäumter Perlmutt-Fä-
cher, ein weißer Stoff-Sonnenschirm mit Lochstickerei, ein Perlen-
Pompadour wollen gefunden werden. Für Bühne, Film und Sammler
ist das sehr liebevoll eingerichtete Spitze eine wahre Fundgrube.

Denn Axel Noltekuhlmann und Herbert Mayr haben sich auf
historische Textilien, Wäsche, Handarbeiten und Accessoires spezialisiert. Noltekuhlmann hat die Liebe zum Textilen mit der Muttermilch aufgesogen, seine Mutter war Schneidermeisterin. Seit über
40 Jahren sammelt er Textilien. Vom Schuh bis zum Hut – und von
1860 bis 1960. Manche Berliner Altbauwohnung barg bei der Räu-
mung wahre Schätze: duftige Voilekleider, weitschwingende Röcke,
niedliche Peeptoes, geschwungene Sonnenbrillen und Schluppen-
blusen mit Polka Dots.

Welches Glück ist Spitze für Herrn und Frau Jedermann, wenn
diese heute nach passenden Klamotten für Kostümfeste suchen.
Denn wenn die »Gesellschaft für mondäne Unterhaltung« monatlich zu »Bohème Sauvage« lädt, dann ist der Dresscode streng:
Zwanzigerjahre-Chic vermählt sich mit zwielichtiger Demimonde.
Also fahnden Feierwillige nach Fransenkleid, Stirnband mit Rei-
herfeder, Spitzen-Handschuhen, Gamaschen oder Zigarettenhalter.
Das wunderschöne, knöchellange, perlenbestickte schwarze Kleid
im Schaufenster des Spitze ist wie gemacht für eine solche Nacht.
Für smokey Eyes, blassen Teint und Wasserwelle muss man selbst
sorgen. Der Tanz auf dem Vulkan macht so viel Spaß wie ehedem
und bleibt heute angenehm folgenlos.

Adresse Suarezstraße 53, 14057 Berlin (Charlottenburg), Tel. 030/3131068, www.spitze-berlin.de, mail@spitze-berlin.de **| ÖPNV** U 2, Haltestelle Sophie-Charlotte-Platz, Bus 309, M 49, Haltestelle Kantstraße **| Öffnungszeiten** Di – Fr 14 – 18.30 Uhr, Sa 11 – 14 Uhr **| Tipp** Puppenstuben-Ambiente mit vorzüglichem Kuchen (Dacquoise-Baiser-Torte!) bietet das Café Kredenz am nahen Amtsgerichtsplatz. Mode von 1920 – 1950 führt auch Glencheck, Joachim-Friedrich-Straße 34 (Wilmersdorf).

92 __ Stilwerk

Versailles, mon amour

»Versailles« heißt eine spektakuläre Kollektion aus Bezugsstoffen, die die Meisterwerkstatt für Raumgestaltung des Stilwerk führt. Opulente Wandbespannungen und aufregend farbige Sesselbezüge werden hier in Mix-and-Match-Manier kombiniert, sofern der Kunde königlichen Mut aufbringt. Nebenan formen hauchdünne, von Hand gefaltete Gold- oder Platinblättchen kristallin-organische Landschaften, die Frau Königin zum Gala-Diner am Finger tragen kann. Und Nyhues präsentiert revolutionäre Teppich-Kreationen, die Elemente des Orientteppichs mit zeitgenössischem minimalistischen Design kombinieren. Das alles und noch viel mehr versammelt Stilwerk schon im Erdgeschoss.

Stilwerk sorgt seit 1999 dafür, dass Berlin schöner wird. Auf fünf Etagen und 20.000 Quadratmetern präsentieren 50 Shops 498 Marken unter einem Dach an der Ecke von Kant- und Uhlandstraße. Was nach einem herkömmlichen Shoppingcenter klingt, ist eine Plattform für internationales Design, egal, ob es um Möbel oder Wohnaccessoires geht, repräsentative Büroeinrichtung oder Bodenbeläge gefragt sind, Traumküchen oder luxuriöse Bäder, Unterhaltungselektronik oder ausgefallene Geschenkartikel.

Im vierten Stock residiert das Bechstein Centrum, das nicht nur Flügel und Klaviere verkauft, sondern sich auch um die Pflege der Klaviermusik in der Hauptstadt verdient macht: Klavierabende internationaler Tastenlöwen wie auch Vorspiele begabter Klavierschüler stehen auf dem Programm.

Der neue Showroom von Oliver Kulmey im dritten Obergeschoss führt vor, wie die Wohnung der Zukunft eingerichtet sein wird. Regalborde hängen wie Stalaktiten von der Decke, die Wände sind versteckt illuminiert. Licht, Heizung, Multimedia, Sicherheit können per App bequem gesteuert werden. Im Schloss Versailles kümmern sich 800 Menschen um Pflege und Verwaltung. Königs heute haben Elektronik statt Gesinde. Nur der Herd, dem man das Menü eingibt, fehlt noch.

Adresse Kantstraße 17/Ecke Uhlandstraße, 10623 Berlin (Charlottenburg), Tel. 030/315150, www.stilwerk.de, berlin@stilwerk.de | **ÖPNV** U 1, Haltestelle Uhlandstraße, U 1, 9, Haltestelle Kurfürstendamm, S 5, 7, 46, 75, viele Buslinien, Haltestelle Savignyplatz | **Öffnungszeiten** Mo–Sa 10–19 Uhr | **Tipp** Sehenswert ist die 1930 im Stil der Neuen Sachlichkeit errichtete Kant-Garage in der Kantstraße 126/127. Sie ist die einzige in Berlin erhaltene Hochgarage der Zwischenkriegszeit und zugleich die älteste erhaltene Hochgarage Europas mit doppelgängiger Wendelrampe.

93 Street Food Thursday
Meet & Eat in Kreuzberg

Mona ist Filmausstatterin. Sie liebt ihren Beruf, hasst aber, dass er mit ihrem Privatleben nur schwer vereinbar ist. Deshalb schneidet sie heute Käse für rustikale Käseplatten. Ihr Engagement zur Probe scheint ihr großen Spaß zu bereiten.

Donnerstagabend um sieben ist der Andrang in der Markthalle IX groß. Hungrige haben die Qual der Wahl: Hier gibt es koreanische Ramen, diese Suppen wahlweise mit Fisch oder vegetarisch, dort Crêpes, drüben Kässpätzle, japanische Takoyakis, Arepas – glutenfreie Maismehlbrötchen – aus Südamerika mit Zanderfiletbällchen oder Räucherfisch mit Sauerteigbrot und Spezialitäten aus der Uckermark. Ab acht ist das Gedränge so groß, als hätten viele lange nichts Festes mehr zwischen die Kiemen bekommen. Wer Glück hat, ergattert einen Sitzplatz am Festzelttisch.

Der Kontrast zu früher könnte größer kaum sein: Die Stände in der 1891 eröffneten Halle fanden in letzter Zeit kaum noch Mieter, Discounter verdrängten sie und fraßen sich immer weiter in das architektonisch eindrucksvolle Gebäude hinein. 2011 gewann die Stadt neue Betreiber für die Halle. Diese setzen auf regionale Produkte, handwerklich hergestellt und verarbeitet. Der Donnerstagabend ist typisch für Berlin: Die Stadt zieht Menschen aus aller Herren Länder an, eine internationale und unkomplizierte Genussküche liegt daher nahe. Viele Standbetreiber haben sich der Slow-Food-Bewegung angeschlossen, bei der die Verwendung nicht industriell bearbeiteter Zutaten im Mittelpunkt steht.

Nicht wenige Gastronomen kommen übrigens aus anderen Berufen: Die Barbecue-Frau war Journalistin, der Bierbrauer malte zuvor Bilder, der Bäcker ist Historiker. Wenn Kreative auf einen Brotberuf umsteigen, bleibt es eben oft kreativ. Und wenn man verträumt die Augen durch die Halle gleiten lässt, wirkt das Ganze wie ein großes Filmset. Noch ein Grund mehr dafür, dass sich Mona, die Filmausstatterin, hier wohlfühlt.

Adresse Eisenbahnstraße 42/43, in der Markthalle Neun, 10997 Berlin (Kreuzberg), Tel. 030/577094661, www.markthalleneun.de, info@markthalleneun.de | **ÖPNV** U 1, Bus M 29, Haltestelle Görlitzer Bahnhof | **Öffnungszeiten** Do 17–22 Uhr (Street Food Thursday), Fr & Sa 10–18 Uhr (normale Markttage), übers Jahr auch Sondermärkte: siehe Webseite | **Tipp** Wer hinterher gemütlich sitzen will, geht ins angrenzende Weltrestaurant »Markthalle«. Hier spielt auch das aus Westberliner Sicht erzählte Wendedrama »Herr Lehmann« von Sven Regener, das 2003 verfilmt wurde.

94__s.wert design

Nix Rundgelutschtes

Sandra Siewert mag Kanten und Brüche. Eine Stadt, die sich gerne neu erfindet, hat viele Brüche. Die Brunnenstraße, in der sie und Kompagnon Dirk Berger ihren Laden s.wert design führen, zieht sich vom hippen Torstraßenviertel in den rauen Wedding. Die Straße berichtet viel von Berliner Verteilungskämpfen zwischen trotziger Gegenkultur, touristischen Bedürfnissen und Investorenplänen. Genau dort gestalten die beiden Architekten seit 2003 Produkte zur Berliner Architektur und erzählen damit Stadtgeschichte.

s.wert design verwandelt Gebäudeumrisse und Fassadenmotive in grafische Druckmuster, die auf den ersten Blick wie klassische Ornamente wirken. Bei näherem Hinsehen jedoch sind sie viel mehr als Schmuck – sie sind Erzählungen. Ihr Blick verwandelt die Ostberliner Straßenlampen zu Großstadtblumen, die auf Kissen, Vorhängen und Karten ranken – auch nach Farbwunsch des Kunden. Motive der East Side Gallery sind auf Klebeband gebannt. Fachkundige erkennen in einem schönen Stoffmuster die stählernen Lindenblätter des Metallkünstlers Fritz Kühn an der polnischen Botschaft. Ein Ausschnitt aus dem Mosaik-Fries am »Haus des Lehrers« kehrt auf einem Tuch und einem Etuikleid wieder.

So schreibt s.wert die Ästhetik der Nachkriegsmoderne, der vielfach die Abrissbirne oder die Entstellung droht, übersehene Alltagsgegenstände und unauffällige Bau-Details der Erinnerung neu ein. Auf diese Weise überlebt die verschwundene Aluminium-Waben-Fassade des Centrum-Warenhauses am Alex genauso wie die kühne Dachkonstruktion der abgerissenen Gaststätte »Ahornblatt«. Profane Oberleitungen der Tram oder als eintönig geschmähte Plattenbauten gewinnen eine nie erkannte Anmut.

Sehr berlinerisch ist auch die gedeckte Farbigkeit der Stoffkollektion. Prägt da der ewig trübe Berliner Winter? Auch wenn Siewert beharrt: »Berlin hat nichts Rundgelutschtes«, ist ihr Laden eine Liebeserklärung an die Stadt.

Adresse Brunnenstraße 191, 10119 Berlin (Mitte), Tel. 030/40056655, www.s-wert-design.de, sandra@s-wert-design.de | **ÖPNV** U 8, Tram 12, M 1, M 8, Bus 142, Haltestelle Rosenthaler Platz | **Öffnungszeiten** Mo–Fr 11–19 Uhr, Sa 11–18 Uhr | **Tipp** Design-Enthusiasten sollten den Galerieneubau des Architekten Arno Brandlhuber in der Brunnenstraße 9 ansehen!

95__ Ta(u)sche

Tasche, wechsel dich

Es gibt Ideen, die so genial sind, dass man sich fragt, warum da nicht eher jemand drauf gekommen ist: eine Tasche, die nach Laune und Verwendungszweck wandelbar und dabei robust ist. Heiko Braun und Antje Strubelt entwickelten sie. Vor zehn Jahren, als der Nachwende-Boom im Baugewerbe abklang, suchten die beiden Landschaftsarchitekten eine Geschäftsidee, mit der sie sich selbstständig machen konnten. Et voilà: eine langlebige Multifunktionstasche aus neuer Lkw-Plane, bei der sich der Deckel auswechseln und das Innenleben nach Wunsch gestalten lässt.

Mittlerweile gibt es die Schultertaschen im ta[u]sche-Laden am Helmholtzplatz in elf Größen und 16 Farben. Die sechs Einsätze in Orange sind ebenfalls aus beschichtetem Polyester-Gewebe. Alles wird in Deutschland von Hand produziert. Mittlerweile sind ein paar Modelle auch aus Rindsleder. Die Deckel, die per Reißverschluss ruck, zuck am Korpus befestigt werden, sind vielfältig: 250 Dessins stehen zur Auswahl, die zum Teil saisonal wechseln. Zum Frühling hin wird es bunter und frischer, im Herbst sind die Farben gedeckter und das Deckelmaterial wärmer wie Filz und Fell. Das mag ein wenig robust tönen, es gibt aber auch nachtschwärmertaugliche Pailletten- und künstlerisch gestaltete Filz-Leder-Deckel. Letztere sind Teil einer großartigen Sponsoring-Idee. Gefertigt werden diese »Gaben«-Deckel nämlich in einer Berliner Textil-Werkstatt von Menschen, die in ihrer Leistungsfähigkeit beeinträchtigt sind. Die Erlöse kommen dem Kinderhospiz in Pankow zugute. Großartig!

Übrigens gab es bereits 1936 eine Patentanmeldung für eine Tasche mit auswechselbarem Deckel. Umgesetzt hatte es noch niemand. Bis Strubelt und Braun kamen, die in ihrem Studium gelernt hatten, wie man ein Konzept bis in alle Details durchdenkt und konsequent umsetzt. Wie so oft braucht es 90 Prozent Transpiration und nur 10 Prozent Inspiration, um zum Erfolg zu kommen.

Adresse Raumerstraße 8, 10437 Berlin (Prenzlauer Berg), Tel. 030/40301770, www.tausche.de, info@tausche.de | **ÖPNV** S 8, 9, 41, 42, 85, Haltestelle Prenzlauer Allee, Tram 12, Haltestelle Raumerstraße | **Öffnungszeiten** Mo–Fr 10–20 Uhr, Sa 10–18 Uhr | **Tipp** Kleine Übung zum Thema Genie, Wahnsinn & Transpiration – Karaoke-Singen sonntags im Mauerpark: Gleimstraße 55, 10437 Berlin.

96__ Tee Feinkost Tan

Abwarten und Tee trinken

Manche mögen Tee, der »Apfelstrudel« heißt oder »Magic Slim« verheißt. Für solche Teetrinker ist Tee Feinkost Tan nicht das Richtige. Inhaber Tan Kutay vertraut auf die feine Nase und den unterscheidungswilligen Gaumen seiner Kunden und verkauft ausschließlich grünen Tee, Oolong und Schwarztee, ohne Aromatisierung oder Chichi. Nur bei den beiden Earl Greys macht er eine Ausnahme.

Um die Sortimentstiefe zu entdecken, lässt man sich am besten von ihm beraten, denn die Namen der Tees sind nicht nur unaussprechlich, sie sagen dem Uneingeweihten auch nichts. Der schmale Kutay bleibt auch bei der zehnten Frage gelassen und brüht bereitwillig und fast rituell einen Tee zum Probieren auf – mit Wasser aus der Umkehrosmose. Wie kriegt man den sämigen Schaum beim Matcha hin? Kutay zeigt, wie man den Teebesen führt. Ist japanischer Tee seit Fukushima radioaktiv belastet? Nein. Man lernt Jahrgangs-, Herkunfts- und Verarbeitungsunterschiede kennen, die so unterschiedlich sind wie beim Wein oder Whisky auch. Kutay lagert seine Schätze sorgsam in für ihn gefertigten Tonkrügen und füllt sie individuell ab, auch in Kleinmengen, von günstig bis edelpreisig. Sollte sich der Hobby-Teetrinker mit der Fülle an unterschiedlichen Verarbeitungen, Ziehzeiten und Aufgussvarianten überfordert fühlen, kann er Zuflucht zu den traditionellen Teemischungen eines irischen Herstellers nehmen. Die gibt es nämlich auch im Beutel bzw. Pad und entkoffeiniert. Teekitsch sucht man vergeblich; ringsum warten einige kunstvolle Tee-Keramiken auf solvente Liebhaber.

Das Tatami-Podest in der Ladenmitte dient der montäglichen japanischen Teezeremonie. Die ist in ihrem ritualisierten Ablauf und den gemessenen Bewegungen weit eher Meditation denn Schnattern beim Tee. Tan Kutay, Mitglied der Japanischen Teeschule »Ueda Sôko Ryû« in Hiroshima, ist ein ruhiger Meister seines Fachs. Blumig leere Versprechungen hat so jemand nicht nötig.

Adresse Crellestraße 7, 10827 Berlin (Schöneberg), Tel. 030/81701228, www.tee-feinkost-tan.de, post@tee-feinkost-tan.de | **ÖPNV** S 1, Haltestelle Julius-Leber-Brücke, U 7, Haltestelle Kleistpark, Bus M 48, M 85, 104, 187, 204, Haltestelle Kaiser-Wilhelm-Platz | **Öffnungszeiten** Mo–Fr 12–19 Uhr, Sa 11–16 Uhr | **Tipp** Auf der Langenscheidtbrücke wurde in den 1980er Jahren eine der berühmtesten Szenen aus Wim Wenders' »Der Himmel über Berlin« gedreht.

97_ Tembrink

Eine bestrickende Familie

Seit 2002 entwerfen Maria Tembrink, Jahrgang 1947, und Tochter Anna, Jahrgang 1974, zusammen die Linie Tembrink und führen den Laden gemeinsam. Vor dem Schaufenster baumelt ihr Zunftzeichen, die Strickliesel. Dies dralle Ding könnte leicht in die Irre führen. Denn was 1979 mit einem Laden für Wollgarne begonnen hatte, mauserte sich schnell zu einem Label für couturige Stricksachen. Handgestrickt wird nur ausnahmsweise.

Tembrink – das sind Jacken, Pullis, Kleider, Hosen und Accessoires, die im Sommer aus hochwertiger Viskose oder glattem Leinen-Seiden-Gemisch gestrickt sind, im Winter wärmen Schurwolle und Merino, Mohair und Alpaka. In jedem Jahr entstehen pro Kollektion 60 bis 80 Modelle, die auf Wunsch in Farbe und Design angepasst werden. Auch wenn ein Pulli stets zwei Ärmel und ein Loch für den Kopf hat, lässt er sich immer wieder neu interpretieren, kastig oder körpernah, wendefähig oder asymmetrisch geschnitten, im Patchwork oder mit Paspeln gestaltet, blumig, gestreift oder geometrisch gemustert. Selbst Hochzeitskleider gab's schon in Strick. Immer kommt Tembrink als Understatement daher, die große Geste liegt der Marke fern. Typisch Berlin.

Tembrinks sind eine Mode-Dynastie. Die Großmutter, eine Modistin, hatte alles, was sie ihrem Kinde anzog, selbst entworfen, genäht oder gestrickt. Es gibt Familien, in denen die Zwangsbeglückung der Kinder mit Häkelkleidern und Strickpullis ein lebenslanges Handarbeitstrauma auslöst. Nicht so bei Tembrinks. Eher unterzog die achtjährige Anna ihre Mutter einem peniblen Kleider-Check, bevor diese zum Elternabend ging. Galt es doch zu verhindern, dass diese mit pinkem Pumps an einem und schwarzem Pumps am anderen Fuß, selbst genähter Tigerhose und Nietengürtel erschien. Als Anna sich in der 8. Klasse als Punkerin kleidete, fragten »mich alle in der Klasse, ob ich als meine Mutter gehe. Das war noch schlimmer«, lacht Anna heute.

Adresse Suarezstraße 14, 14057 Berlin (Charlottenburg), Tel. 030/3217565, www.tembrink.de, tembrink@aol.com | **ÖPNV** U 1, 2, Bus 309, Haltestelle Sophie-Charlotte-Platz, Bus 309, M 49, Haltestelle Amtsgerichtsplatz | **Öffnungszeiten** Di – Fr 12 – 18 Uhr, Sa 11 – 14 Uhr und nach Vereinbarung | **Tipp** Für Anna Tembrink ist der Laden »b3 – Objekte der Moderne« (Suarezstraße 47) mit seinen Designklassikern eine unerschöpfliche Fundgrube.

98_ Tim Giesecke
Berückende Rauchwaren

Das Handwerk des Kürschners gehört zu den ältesten. Wo Tiere gejagt wurden, fielen Häute und Felle an, auch wenn diese eher der Lagerung denn der Bekleidung dienten. Keine Heldensage ohne Fellaccessoire: Herkules trug Löwe, Hermes ein Fellkleid, Athene hatte ein Ziegenfell übergeworfen. Von jeher zeichnet Pelz den Träger irgendwie aus, nur die Form variierte. Während der Kürschner im Mittelalter eher »fütterte« und im Rokoko »besetzte«, »kleidet« er heute.

Auf den ersten Blick könnte man ihn für einen Hamburger Jung halten, in Jeans, dunklem Sakko und fein kariertem Hemd, die kurzen Haare akkurat zurückgegelt. Fehlen nur die Segelschuhe. Doch der Tonfall verrät den Ostberliner. Tim Giesecke, Jahrgang 1963, hat mit der Muttermilch den Umgang mit Pelzen eingesaugt: Vater, Mutter, Großvater waren Kürschner. Der Meisterbrief seines Großvaters hängt neben seinen eigenen Auszeichnungen. 1999 zog er mit der Maßschneiderei von Köpenick nach Schmargendorf.

Lässiges Understatement im Entwurf, zurückhaltende Farbigkeit und sehr gute Verarbeitung zeichnen die 80 Unikate in seinem Atelier aus. Der Nerz-Dufflecoat kommt jung daher. Ein federleichter Seidenlamm-Mantel trägt gekräuselte Locken in changierenden Blau-Braun-Tönen. Der Parka aus Crash-Stoff bewahrt trotz Pelzfutter dank variabler Züge eine schmale Silhouette. Der taillierte, querverarbeitete Nerzmantel ist durch den bläulichen Schimmer ein Hingucker, hat das Matronige genauso hinter sich gelassen wie das allzu Prunkende. Für Frostbeulen ist ein Mantel aus Bearnlamm die Rettung: die langen Haare speichern Wärme. Die schwarzen Herren-Lederjacken sind von der Motorradbekleidung der 1960er Jahre inspiriert.

Mit cooler Selbstverständlichkeit führt Innungsvorsitzender Giesecke die Modeelevinnen von Esmod ans Material heran. Alles behaart Zottelige, das den Rauchwaren den Namen gab, ist verschwunden, geblieben ist Luxus zum Wohlfühlen.

Adresse Hohenzollerndamm 88, 14199 Berlin (Schmargendorf), Tel. 030/8256543, www.timgiesecke.com, info@timgiesecke.com | **ÖPNV** Bus 110, 115, 249, Haltestelle Elsterplatz | **Öffnungszeiten** Mo–Fr 10–18 Uhr, Sa 10–13 Uhr | **Tipp** Sehenswert ist die nahe Kreuzkirche am Hohenzollerndamm 130, eine der seltenen Sakralbauten aus dem Expressionismus.

99__TO.mTO

Perfekte Kurven

Der Film »Moulin Rouge« habe das Korsett aus dem erotischen Kontext gelöst und hin zum Fashion-Statement bewegt, glaubt die junge Korsettmacherin und fügt kokett an: »Ein Korsett mindestens gehört in jeden Kleiderschrank.« Schon weil sich die Taille gern in der Lebensmitte auf Nimmerwiedersehen verabschiedet. Zehn Zentimeter Leibesumfang verdünnisieren sich in einem fest geschnürten Korsett schneller als bei jeder Diät. Und frau sieht darin noch umwerfend sexy aus, sanduhrmäßig eben, was man von gewöhnlichen Hüfthaltern nicht sagen kann. Tonia Merz weiß eine Frau schön zu schnüren – in jedem Alter zwischen Jugendweihe und Rente. Egal, ob das Weib eine Fetischphantasie leben, frivol verlocken oder eine Schnürbrust als Teil einer eleganten Ballrobe will. Die aufrechte Haltung, die ausgestellte Brust und die betonte Hüfte schmücken übrigens nicht nur Frauen. Dass das Korsett unter der Uniform schon im preußischen Militär verbreitet gewesen sei, erzählt Merz gern.

Seit 2002 fertigt die Modedesignerin Korsette in Berlin. Über ein Praktikum bei der Londoner Meister-Corsetière Velda Lauder fand sie zu dieser Nische. In einem offenen Atelier mit Showroom stehen über 100 Korsette zur Anprobe bereit. Durch unterschiedliche Schnitte, mannigfaltige Stoffe und viele Ausstattungsdetails sieht am Ende keines aus wie's andere. Manche hätten am liebsten ein langes Korsett, das den ganzen Bauch einhält. Das sei zwar machbar, aber dann könne man sich nicht mehr setzen, warnt sie. So individuelle Beratung, ausgezeichnete Verarbeitung und gute Passform haben sich bundesweit herumgesprochen.

Katy Perry hat eines, Barbara Schöneberger hat eines, Nina Hagen und Viktoria Beckham haben auch eins – ein Korsett von To.mTo. Übrigens: Das Ding ist bequemer, als man zunächst glauben mag. Und da gut geschnürt halb verführt ist, verlängert sich das Vorspiel je nach Fingerfertigkeit um wertvolle Minuten.

Adresse Torstraße 22, 10119 Berlin (Mitte), Tel. 030/97004733, www.tomto.de, info@tomto.de | **ÖPNV** U 2, Tram M 8, Bus 142, Haltestelle Rosa-Luxemburg-Platz | **Öffnungszeiten** Mo – Fr 10 – 18.30 Uhr & nach Absprache | **Tipp** Die kecke Soirée »Bohème Sauvage« ist eine gute Gelegenheit, sein neues Leibkleid auszuführen. Termin und Ort hier: www.boheme-sauvage.net.

100__Toscanini

Weder Kähne noch Hühnerbeene

Dieser Schuhladen hat sich den Dirigenten Toscanini zum Paten genommen. Auch ein kurzer Mann benötigt Schuhe – in Untergröße und passend zum Frack. Cindy aus Marzahn braucht für ihre drallen Schenkel Stiefel. Bei den jungen Frauen mit Gardemaß tragen keine schmalen Hühnerbeene das Knochengerüst, sondern statisch belastbare Füße der Schuhgröße 42 aufwärts. Zwar passt Gott die Füße der Körpergröße an, doch fürs auch modisch adäquate Schuhwerk müssen Menschen ran.

Marina Schenk und ihr Mann Hamid Sehouli leben beide auf großem Fuß. Seit 30 Jahren sorgen sie dafür, dass Menschen, deren Füße aus der Norm fallen, nicht barfuß durch die Welt laufen oder mit dicker Marie den Maßschuhmacher aufsuchen müssen. Bei Herstellern in Italien geben sie Schuhe, Stiefel, Sandaletten, auch für Haus und Freizeit, in Randgrößen in Auftrag. Auch bei Damenschuhen von 31–35 und 42–46, Herrenschuhen von 37–39 und 47–54 und Damenstiefeln bis 60 cm Wadenmaß sollen Proportion, Verarbeitung und Leder stimmen.

Ihr Laden ist äußerlich unscheinbar, innen auch. Die Schuhschachteln türmen sich mannshoch, Menschen mit Platzangst werden dort nicht froh. Selbstbedienung verbietet sich von selbst. Dafür beherrscht Hamid Sehouli das Lagersystem und berät fachkundig. Ein Blick misst die Füße ab, er fragt nach Schuhmodell und bringt eine Auswahl. Nicht nur in Schwarz, Blau oder Braun, sondern auch in Nougat oder was der Trend vorgibt. Als Gott Sehouli schuf, hat der mehr als einmal bei der Verteilung von Charme und guter Laune ›hier‹ geschrien, was schon die Beratung vergnügungssteuerpflichtig macht. Nicht zu reden, wenn mal wieder ein Kunde Peeptoes in rotem Lack und Größe 46 sucht. Oder die Verkäuferin einen Schuh eintragen soll, bevor der gekauft wird. Für Musikliebhaber war Toscanini »der Größte der Welt«. Für Menschen mit ein bisschen weniger – oder mehr – Fuß ist Toscanini das Höchste.

Adresse Schloßstraße 119, 12163 Berlin (Steglitz), Tel. 030/7928796, www.toscanini.de, toscanini-info@gmx.de | **ÖPNV** U 9, Bus 186, 282, 285, M 48, M 85, Haltestelle Schloß-straße | **Öffnungszeiten** Mo–Sa 10–19 Uhr | **Tipp** Männer mit ein bisschen mehr werden bei Hirmer (Schloßstraße 130, 12163 Berlin) fündig.

101_Trippen
Lieblingsschuhe

»Dit is fashion«, erläutert die Passantin ihrem Begleiter die Schuhe mit den Holzsohlen bei Trippen. Seit 1991 entwerfen der gelernte Maßschuhmacher Michael Oehler und die Designerin Angela Spieth Schuhe. Damals hatten sie in einem Schuhleistenwerk Holzsohlen aus den 1970er Jahren entdeckt, die anfangs zum Markenzeichen wurden.

Die erste Kollektion geschlossener Schuhe kam 1994 heraus. Sie werden bis heute in Norditalien und auch in Zehdenick produziert. Das anatomisch geformte Fußbett ist austauschbar, die Sohlen sind nicht geklebt, sondern doppelt genäht. So lassen sich die Schuhe bei guter Pflege mehrfach neu besohlen. Trippen verarbeitet meist pflanzlich gegerbte und naturbelassene Leder europäischer Gerbereien, auch von Büffel, Elch und Ziege. Die Leisten- und Sohlenformen werden nicht jede Saison verändert, auch die Modelle bleiben erhältlich. Der Lieblingsschuh aus früheren Jahren wird auf Wunsch nachgefertigt, aktuelle Modelle können in anderer Farbe bestellt werden. In Zehdenick wurden bereits vor der Wende Schuhe produziert. Trippen setzt diese Tradition fort und baut die eigene Manufaktur obendrein noch weiter aus.

Trippen designt wahre Schuh-Kunstwerke. Die Laufflächen der x + os-Linie ist auf einen schmalen Keil in der Mitte reduziert, ein Kreuz unter der Ferse gibt seitlich Stabilität. Bei den Modellen der Box-Kollektion tritt man auf zwei Quader auf, deren Luftkammern den Stoß dämpfen. Die Happy-Kollektion ist trotz ihres Plateauabsatzes komfortabel. In Japan ist Trippen seit Langem Kult. Michael Stipe und andere Prominente entdeckten das Label für sich, das auch Filme wie »Star Trek Into Darkness« und »300: Rise of an Empire« mit Schuhen ausstattete.

Wertarbeit hat ihren Preis. Doch schont ein langlebiges Paar anstelle vieler modisch kurzatmiger Schuhe Geldbeutel und Umwelt. Da darf der Flaneur mürrisch mit »Ick wunder mir über jar nicht mehr« vom Schaufenster abdrehen.

Adresse a) Flagshipstore: Rosenthaler Straße 40/41, 10178 Berlin (Mitte), b) Gallery: Alte Schönhauser Straße 45, 10119 Berlin (Mitte), c) Outlet: Köpenicker Straße 187/188 (Kreuzberg), Tel. 030/53213056, www.trippen.com, info@trippen.com | **ÖPNV** a) S 5, 7, 75, Haltestelle Hackescher Markt, b) U 8, Haltestelle Weinmeisterstraße, c) U 1, Bus 265, Haltestelle Schlesisches Tor | **Öffnungszeiten** a) Mo–Fr 11–20 Uhr, Sa 10–20 Uhr, b) Mo–Sa 12–19 Uhr, c) Mo–Sa 10–18 Uhr | **Tipp** Im 2. Hinterhof des Nebenhauses residiert die Bar »Eschschloraque rümschrümp«, die in ihrer verraucht-verruchten Abgeranztheit an wilde Mitte-Zeiten erinnert.

102__Umasan

Berlin – ick vegane dir

Felicia Meyer-Jendro, die mit *Attaque! Berlin: Wir veganen Dir!* tierschutzschläfrige Zeitgenossen aufweckt, bekennt in ihrem Blog: »Als Trägerin des Tussi-Gens, deren Belohnungszentrum im Gehirn am effizientesten durch den Kauf unnötiger Dinge in Parfümerien befriedigt wird, habe ich nach meinem Beschluss, vegan zu leben, zunächst große Einschränkungen auf diesem Gebiet befürchtet.« Dass dem nicht so ist, erzählt sie danach.

Nun triggert auch Klamottenkauf das Belohnungszentrum gewaltig. Die Veganista, die sich zu Umasan aufmacht, findet dort eine minimalistische Couture, die Schnitt und Silhouette betont. Asymmetrische Linienführung, anatomisch ausgefeilte japanische Schnitte, Nicht-Farben wie Schwarz, Weiß, Taupe und ein androgyner Look dominieren. Die Umann-Zwillinge entwerfen die vegane Kollektion selbst, auch für die Herren der Schöpfung. Anja hat beim Modeschneider Yamamoto ihre Gesellenzeit verbracht, Sandra treibt die Expansion des Labels energisch voran.

Übrigens braucht es gar keine Vegamorphose, um Umasan spannend zu finden. Denn den hier verwendeten pflanzlichen Materialien MicroModal, Tencel aus Eukalyptus- oder Buchenholz, SeaCell mit Algen, Smartcel mit antibakteriellem Zink, Sojaseide, Bambus und Proteinfasern gehört sowieso die Zukunft. Baumwolle wird knapper, weil die Pflanze zu viel Wasser und Anbaufläche verbraucht. Die Stoffe, allesamt in Europa hergestellt, haben einen weichen, glatten, kühlen Griff, fallen fließend, absorbieren Feuchtigkeit gut, knittern kaum und können gewaschen werden. Wellness-Wear ist auch schon in der Mache, genauso wie Taschen aus veganem Leder. Dass die neuen Zellulosefasern mit viel weniger Chemikalien auskommen, ist nicht nur für Gemüseradikalos eine gute Nachricht.

Wo das Fleischerhandwerk einst verkündete »Fleisch ist ein Stück Lebenskraft«, verspricht nun Vegan-Koch Attila Hildmann: »Vegan ist das neue Viagra.« Fé triumphiert.

Adresse a) Linienstraße 40, 10119 Berlin (Mitte), b) Budapester Straße 38-50 (Bikini-haus), 10787 Berlin (Charlottenburg), c) Fasanenstraße 28 (Passage), 10719 Berlin (Charlottenburg), Tel. 030/88719087, www.umasan-world.com, info@umasan-world.com | **ÖPNV** a) U 2, Haltestelle Rosa-Luxemburg-Platz, b) S 5, 7, 75, U 1, 2, 9, Haltestelle Zoologischer Garten, c) U 1, Haltestelle Uhlandstraße | **Öffnungszeiten** Mo, Mi – Sa 11–19 Uhr, Di geschlossen | **Tipp** Felicia Meyer-Jendro veranstaltet den Supper Club Mund|Art|Berlin, der monatlich in »Freddy Leck seine Küche« stattfindet (Gotzkowsky-straße 11).

103__Vanille & Co

Cooles für den süßen Zahn

Vanille sei sein Lieblingsgewürz, bekennt der Gewürzmüller Ingo Holland. Er nennt die Bourbonvanille die Prima Ballerina unter den Vanille-Sorten, elegant und anmutig in ihrem Auftreten. Die Tahiti-Vanille gleiche eher der Striptänzerin aus dem Rotlichtmilieu, die ihre Reize überdeutlich herausstreiche.

Ein Eisladen, der sich Vanille & Co nennt, legt die Messlatte hoch. Das namengebende Gewürz sollte von guter Qualität sein und in vielen Produkten stecken, V-Aroma außen vor bleiben. Der Laden nimmt die Hürde leicht: Vanilleeis ist täglich im Angebot, mit Bourbonvanille, versteht sich. Die Kids lieben genauso die Sorten Cola und Wassermelone-Schoko oder Leopard mit Nugat-Splittern. Selbst Matcha-Eis aus grünem Teepulver findet kleine Liebhaber. Die Großen ziehen Moselriesling mit Zitrone vor, ein Eis, das auf der Zunge noch fein bizzelt, Eis mit Pomeranze oder feinsäuerlich-bitterer Yuzu oder aromatisches Walnusseis mit Kirschwasser. Das Schokosorbet schmeckt nach hochfeiner Valrhona-Schokolade. Die Sorte Rose duftet zart nach Rosenblüten. Die Blätter für die Essenz stammen von ungespritzten englischen Duftrosen aus der Region, genauso wie bei Holunderblüte und Lavendel. Im Eislabor wird immer weiter experimentiert, immer sind hier Aromen und Farbstoffe tabu. Wenn das kalte Vergnügen auch noch hübsch aussehen soll: die Kühlung wartet mit Frozen Cupcakes und eindrucksvollen Eistorten auf. Viele Sorten kann man im 500-Milliliter-Styroporbecher bequem nach Hause tragen.

Im Netz mäkeln Kunden, dass manches Eis wässrig sei. Tja, so ist das bei Sorbet, es enthält weder Milch noch Sahne. Beim Milcheis hält Vanille & Co den Fettgehalt am unteren Rand, die Süße ist angenehm dosiert. Das ist kein Zeichen für Sparsamkeit, sondern für Könnerschaft und feine Zunge. Durch die Lage schräg gegenüber der Grundschule zieht sich der Laden kennerische Kunden ran. Früh übt sich, was Ballerina werden will …

Adresse Joachim-Friedrich-Straße 27, 10711 Berlin (Halensee), Tel. 030/31517835, www.vanille-und-co.de, vanille@vanille-und-co.de | **ÖPNV** S 41, 42, 45, 46, Haltestelle Halensee, U 7, Haltestelle Adenauerplatz | **Öffnungszeiten** Mo–So 12–19 Uhr | **Tipp** Wer ebenso hochwertige Backwaren sucht, ist bei »Bernhardts Bäckerei« gut aufgehoben (Knobelsdorffstraße 39, Charlottenburg).

104__ Volksfaden

Pippilotta findet's tollkühn

Pippilotta Langstrumpf wäre fasziniert von diesem Laden. Auf der Hauswand prunken große Blüten, die ihre Aufmerksamkeit sofort auf sich gezogen hätten. Die Ankündigung »tollkühne Stoffe« hätte ihre Neugier vollends befeuert.

Drinnen sind die Ballen nach Farbfamilien sortiert und fröhlich die Wände hoch gestapelt. Dropsbunte Punkte liegen neben Nikolaus-Äpfeln und nickenden Gänseblümchen. Manche Stoffe erzählen Geschichten: Ein Cowboy treibt mit seinem Pferd die Kühe an hohen Kakteen vorbei ins Gatter. Autos stehen Kopf. Zwerge kugeln einen Abhang hinunter. Fräulein Roth geht mit ihrem Körbchen spazieren. Warum steht das schwarze Schaf so verloren zwischen weißen und schwarz-weißen Zebras?

Es gibt auch »erwachsenere« Ansprüche an einen Stoff: Für die Laptop-Hülle braucht es festeren Canvas, und den gibt's auch in grafischen Retro-Mustern. Wer sich sorgt, dass ein Kleid wegen eines zu lauten Musters allein auf der Straße rumrennen könnte, findet einfarbigen Cord, Voile, Flanell und Jersey.

Linda Gaylord, die Hüterin der Stoffe, stammt aus New York, ist mittlerweile Mitte 50, hat eigentlich Tanz gelernt und lebt seit 20 Jahren in Berlin. Als das Tanzen sie nicht mehr ernährte, besann sie sich aufs mütterliche Nähvorbild. Sie weist Kunden freundlich zurückhaltend darauf hin, dass die Designerstoffe aus den USA nur 1,10 oder 1,20 Meter breit liegen. Sie weiß, welche Baumwollstoffe bio sind, und berät, wenn's um die Zusammenstellung der »Fat Quarters« fürs Patchworken geht. Vorrätig sind auch Knöpfe, Bänder, Schnittmuster, englische Anleitungen und japanische Taschenhenkel mit Blumenmuster.

Aus dem blauen Baumwollbatist mit den hellen Kirschblüten könnte eine süße leichte Sommerbluse werden, träumt es leise in mir. Der Volksfaden ist eine einzige Inspiration für Stoff-Freaks und Quilt-Fans, die die kleine lebendige Pippilotta noch in sich spüren – und nähen können, anders als die Autorin.

Adresse Crellestraße 17, 10827 Berlin (Schöneberg), Tel. 030/72297057, www.volksfaden.de, info@volksfaden.de | **ÖPNV** S 1, Haltestelle Julius-Leber-Brücke, U 7, Haltestelle Kleistpark, Bus M 48, M 85, 104, 106, 187, 204, Haltestelle Kaiser-Wilhelm-Platz | **Öffnungszeiten** Di – Fr 10 – 18 Uhr, Sa 10 – 16 Uhr | **Tipp** Beim »Museum der unerhörten Dinge« (Crellestraße 5-6) vorbeischauen und Dinge ihre Geschichte erzählen lassen: Vom weißen Rotwein, dem Einschlag eines Geistesblitzes, dem Beuys'schen Ur-Hasen, den Einritzungen Casanovas und deutschen Eichẻloliven. Geöffnet: Mi – Fr 15 – 19 Uhr.

105___Voo Store

Schön abgerockt

Das Grauen hat einen Namen: Berliner Winter. Beharrlicher Nieselregen auf gehwegbreite Eisplatten und darüber ein tief hängender Himmel. Mittags knipst man Licht an, um zu erkennen, wer einem gegenübersitzt. Da ist Trost vonnöten, und zwar subito. Wie? Zum Beispiel warmer Apfelsaft mit Wodka und einem Hauch Gewürz. Das Ganze heißt? »Berliner Winter«. Wo? Der Voo Store verkauft im Kreuzberger Hinterhof neben diesem noch ganz andere Stimmungsaufheller: Mode und Produkte junger oder etablierter Designer, manche aus Berlin, einige aus dem Norden Europas. Auf satten 300 Quadratmetern wird vergleichsweise weniges großartig in Szene gesetzt. An schlichten Kleiderstangen hängen Wintermäntel von Henrik Vibskov, Schräges von Kenzo, Stutterheim-Regenmäntel, die Gemüse-Seidenschals des Berliner Labels Vonschwanenflügelpupke.

Auf einer wuchtigen langen Tafel warten die Lippenfettcreme der schwedischen Armee, Uhren von Daniel Wellington, die minimalistischen Schmuckstücke der Dänin Maria Black mit dem gewissen *Je ne sais quoi*, handgemachte Duftkerzen aus Grasse, österreichische Wanderrucksäcke und edle Bücher auf Trostbedürftige. Die luftige Atmosphäre, die minimalistische Anmutung, der raue Industriecharme der ehemaligen Schlosserei, die lässig unangestrengte Atmosphäre und nicht zuletzt das integrierte »Café Companion« mit gut gelauntem, kundigem Barrista machen Spaß.

Der kluge Kopf dahinter heißt Herbert Hofmann. Der gelernte Geograf guckt sich die Augen trocken, um jene schönen Dinge zu finden, die man gerne um sich hat. Sein Stilgefühl prägt auch die Veranstaltungen und Konzerte im Laden. Der Berliner Sommer ist – anders als der Winter – sonnig, trocken und manchmal auch lang. Kontinentalklima eben. An diese schönen Tage hat Hofmann auch gedacht: Cooper Bikes stehen auf dem Hof. Und auf dem Tisch: »Berliner Brandstifter«, ein Gin, und OurVodka. Dann: Na zdrowie. Wohl bekomm's.

Adresse Oranienstraße 24, 10999 Berlin (Kreuzberg), Tel. 030/61651119, www.vooberlin.com, mail@vooberlin.com | **ÖPNV** U 1, 8, Bus 140, Haltestelle Kottbusser Tor, Bus M 29, Haltestelle Heinrichsplatz | **Öffnungszeiten** Mo–Sa 11–20 Uhr | **Tipp** Einwanderer-Erfahrungen findet man noch selten auf deutschen Bühnen. Im Ballhaus Naunynstraße ist das anders, es ist spezialisiert auf postmigrantische Literatur, Konzerte und Tanz: Naunynstraße 27, Kreuzberg.

106 _Water to wine

Couture aus Altkleidern

Wenn aus dem Satinlaken ein Sommerhänger oder aus der Spitzengardine ein Tangokleid wird, dann erinnert das an die Verwandlung von Wasser zu Wein bei der Hochzeit zu Kanaan.

Water to wine hat sich Großes vorgenommen. Es geht auch nicht so mühelos wie beim Evangelisten Johannes. Viele Hände und eine Menge Phantasie sind nötig, damit aus dem, was Berliner Haushalte aussortieren, etwas Schönes wird. Bei der Berliner Stadtmission, einem in Mission und Diakonie engagierten Werk der Evangelischen Landeskirche, gibt es beides: fleißige Ehrenamtliche, die täglich durchschnittlich 800 Kilogramm Zeugs sortieren. Etwa 40 Prozent wandern in die Notübernachtungsstellen und in die eigenen Komm-und-Sieh-Läden. Der größere Teil ist dafür unbrauchbar, weil vom verdreckten Schlafsack übers ausrangierte Abendkleid, alte Turnmatten bis zur dünn gewaschenen Hotelwäsche alles dabei ist.

Die Modestadt Berlin steckt voller kreativer Köpfe, denen nachhaltiger Konsum ein Anliegen ist. Diese Upcycler verhelfen ausrangierten Materialien zu einem zweiten Leben. Selbst ein Hemd mit Schweißflecken, eine löchrige Jeans oder ein abgebrochener Tortenheber finden Verwendung. Aus Stofffetzen wird ein kleiner Körper genäht, und die Flügel sind aus Turnmatte – fertig ist der Schutzengel am Schlüsselbund. Schlichte Flaschenverschlüsse wandeln sich zu Taschen, alte Besteckteile zu Armreifen, Strumpfhosen zu Ohrringen, ausgeleierte Pullis zu Strickhosen, T-Shirts zu Dreieckstüchern. Aufgearbeitete Vitrinen, Schränke und Stühle geben die authentische Bühne für witzige Kleider, Hemden, T-Shirts, Hosen und Accessoires. Das kundige Auge fischt auch coole Vintage-Klamotten aus den Säcken, die dann als Secondhand verkauft werden. Die Erlöse fließen in die Sozialarbeit.

Das Aus-alt-mach-Neu funktioniert erstaunlich gut. Es braucht dafür noch nicht mal einen Wunderglauben; gestalterische Phantasie, Tatkraft und wache Sinne genügen.

Adresse Auguststraße 82, 10117 Berlin (Mitte), Tel. 0151/56798627, www.watertowine-upcycling.com, watertowine@berliner-stadtmission.de | **ÖPNV** S 1, 2, 25, Haltestelle Oranienburger Straße | **Öffnungszeiten** Di–Fr 11–19 Uhr, Sa 12–19 Uhr | **Tipp** »The Upcycling Fashion Store«, Anklamer Straße 17 (Mitte), ist gleichfalls engagiert im modischen Upcycling. Ein Netzwerk zur Wiederverwertung von Müll baut die »Material-Mafia« auf, ihre Werkstatt für Experimente ist in der Kuglerstraße 61, Prenzlauer Berg.

107__Weichardt Brot

Berlins erster Biobäcker

Nach Jahren des Backwaren-Niedergangs gibt es auf einmal Brot-Blogs und Brotbackbücher en masse. Hobby-Bäcker fachsimpeln über Kruste und Krume, Stockgare und Temperaturführung und hüten ihren Sauerteigstarter wie Moshammer einst seine Daisy. Nun kann nicht jeder selbst Hand anlegen, um genießbares Brot zu kriegen, sondern braucht im Alltag einen Bäcker seines Vertrauens. Weichardt ist ein solcher.

Zwar hatten Heinz und Monika, genannt Mucke, Weichardt 1967 über einer Schokosahnetorte zueinander gefunden. Einige Lehr- und Wanderjahre machten sie mit der Anthroposophie und der biologisch-dynamischen Landwirtschaft vertraut. 1977 gründeten die beiden die erste Demeter-Vollkornbäckerei Berlins. Seither backt Weichardt Brote und Brötchen fast ausschließlich aus dem ganzen Korn, das er selbst zu Schrot und Vollkornmehl vermahlt. Gemahlen wird auf drei schweren Natursteinmühlen aus den Sextener Dolomiten, die mit ihrer langsamen Gangart von 90 Umdrehungen pro Minute das Korn besonders schonend aufschließen, weil sich das Mahlgut nicht erhitzt. Die im Granit umschlossenen Mineralien werden beim Mahlen sanft ins Mahlgut geleitet, davon ist Senior Weichardt überzeugt. Seit 2008 hat zwar Tochter Yvonne den Hut auf im Familienbetrieb, an den Grundsätzen hat sich jedoch nichts geändert. Noch immer verwendet Weichardt als Triebmittel hauptsächlich Backferment, eine Art Sauerteig, bei dem die Gärung auf Milchsäurebakterien und nicht wie beim klassischen Sauerteig auf Essigsäurebakterien beruht.

Der Berliner würde sagen: Bei diesem Brot ist Wumm dahinter. Die kleine Kundin im Laden nennt den neuen aromatischen Orangenkuchen oberschnurzlig. »Der Feinschmecker« zählt Weichardt zu den besten Bäckereien Deutschlands. Dieter Kosslick, im Hauptberuf Berlinale-Intendant und bekennender Brot-Afficionado, träumt öffentlich von einer Lehre bei Weichardt. Mir träumt von deren fluffigem Hefezopf.

Adresse a) Mehlitzstraße 7, 10715 Berlin (Wilmersdorf), Tel. 030/8738099, www.weichardt.de, info@weichardt.de, b) Clayallee 333 (Zehlendorf), c) Kladower Damm 221 (Kladow), d) Windscheidstraße 15 (Charlottenburg) | **ÖPNV** a) U 7, 9, Bus 104, Haltestelle Berliner Straße, b) S 1, Haltestelle Zehlendorf, c) Bus 134, X 34, Haltestelle Krankenhaus Havelhöhe, d) U 7, Haltestelle Wilmersdorfer Straße | **Öffnungszeiten** a) Mo – Fr 7.30 – 18.30 Uhr, Sa 7.30 – 14 Uhr, Öffnungszeiten der anderen Läden auf der Website | **Tipp** Ein Eldorado für Bäcker ist das Mehlstübchen, das zig Sorten Mehl führt (Leberstraße 28, Schöneberg).

108__Whisky & Cigars
Macho-Treibstoff in Damenhänden

Im 19. Jahrhundert zogen sich die Herren der Gesellschaft nach dem Essen in den Rauchsalon zurück, um sich bei einem Drink der Diskussion der Weltlage und einer guten Zigarre hinzugeben. Frauen blieben außen vor. Das Phallische mache die Zigarre unpassend für die holde Weiblichkeit, heißt es immer noch. Die Insignie von Macht und Wohlstand steht Frauen also nicht. Aha. Dass die emanzipatorische George Sand, die schöne Lauren Bacall, die kluge Virginia Woolf und Gangsterbraut Bonnie Parker Zigarren samt Whisky liebten, befestigte das Vorurteil eher. Berlin tickte da früh ein wenig anders. Schon in den 1930er Jahren reüssierten in der Hauptstadt Frauen-Zigarrenclubs.

In ihrem schönen Altbau-Laden hat die so attraktive wie kluge Eva Sichelschmidt etwa 1.400 Abfüllungen von Whisky versammelt, Single-Malt, Fassstärken-Whisky, Small-Batches Bourbon, Jahrgangswhisky, Raritäten, dazu etwa 100 Sorten Rum sowie Gin. Dass man in der Sophienstraße schon lange vor »Mad Men« wusste, was ein guter Single-Malt ist, ist nicht zuletzt das Verdienst von Eugen Kasparek. Der »Master of Tasting« bei Whisky & Cigars kann profund über die Authentizität von Whisky und Rum, ihre historische Entwicklung, handwerklichen Details und sensorische Charakteristik reden. Er kämpft für Geschmackskultur, schließlich ist die Bandbreite von Aromen riesig – süß, blumig, fruchtig, leicht, holzig, rauchig, torfig, teerig, nach Seetang. Bei seinen wöchentlichen Tastings bringt er den Gästen europäisches Handwerk und komplexe Destillate näher. Zur Genussabrundung auf der heimischen Chaiselongue ist der deckenhohe Humidor mit Premium-Longfillern bestens bestückt.

Die maskulinste aller Spirituosen macht Frauen Laune, die Spaß an der Grenzüberschreitung haben. Glücklicherweise passt Whisky nicht nur zur Zigarre, sondern auch zu Schokolade oder Austern. Greta Garbo hat's vorgemacht: »Gib mir Whisky, aber nicht zu knapp.«

Adresse Sophienstraße 8–9, 10178 Berlin (Mitte), Tel. 030/2820376, www.whiskyandcigars.de, derladen@whiskyandcigars.de | **ÖPNV** S 5, 7, 75, Haltestelle Hackescher Markt, U8, Haltestelle Weinmeisterstraße | **Öffnungszeiten** Mo–Fr 11–19 Uhr, Sa 11–18 Uhr | **Tipp** Wer die legendäre »grüne Fee« vorzieht, hat im Absinth Depot die Auswahl aus 120 Sorten (Weinmeisterstraße 4).

109_ Wild & schön

Eine Stadtgärtnerin

Die Bauingenieurin Christina Kottke hat erst spät im Leben über Gartenlehre und Landschaftsplanung zur eigentlichen Berufung gefunden, der Blumen- und Gartenkunst. Auch wenn sie nach wie vor bei Gartengestaltung berät, fließt inzwischen die meiste Energie in ihren Laden am Rathaus Pankow.

Es geht ihr darum, Natur in die Stadt zu bringen. An der Fassade hängt ein armdicker Reif aus Weidenzweigen mit einem Vogelhäuschen – umringt von schützendem Efeu-Blattwerk. Im Fenster bezaubert eine Winterlandschaft aus Moos, Rinden, Erde, Ästen und Halmen, in der ein Marder und ein Fasan sitzen. Zur Weihnachtszeit gestaltet Kottke Schaufenster, die eine Geschichte erzählen: vom Winterwald, der Schneekönigin, dem Schlaraffenland. Dekorative Schneckenhäuser, gemaserte Steine und zerfledderte Vogelfedern findet sie beim Spaziergang.

Da sie die physiologische Pflanzengemeinschaft und die Ansprüche von Pflanzen an Standort und Boden kennt, weiß sie, was zusammengehört. Beim Kauf der duftenden englischen Rosen, ihren Lieblingspflanzen, rät sie, den kegeligen Tontopf für die Pfahlwurzel und die Rosenerde gleich mit zu besorgen und im Winter den Frostschutz nicht zu vergessen. Die Natur ist ihr Lehrmeister, wenn sie Sträuße bindet oder Gestecke fertigt. Da entscheidet sie sich für die Leitblume, sorgt für Höhen- und Tiefenstaffelung, bestimmt Füllpflanzen. Rhythmus brauche auch jeder Kasten, glaubt sie. Nicht alle Pflanzen passten zueinander, auch wenn die Farben harmonierten. Gerbera sind ihr zu »künstlich«, Sonnenblumen verkauft sie im Winter gar nicht. Wo's geht, bevorzugt sie inländische Gärtnereien, etwa aus Sachsen oder Süddeutschland. Da hat sie eine Haltung.

Blumen könnten nicht ewig halten, das Welken und Sterben gehöre doch zum Leben dazu, findet sie. Die rau abblätternden Wände und leere Vogelkäfige untermalen diese morbide Grundmelodie; Schneeglöckchen im Moos künden vom nahen Frühjahr.

Adresse Neue Schönholzer Straße 1a, 13187 Berlin (Pankow), Tel. 030/49907798, wildundschoen@web.de | **ÖPNV** S 2, 8, 9, U 2, Haltestelle Pankow, Tram M 1, Bus 107, 155, 250, 255, Haltestelle Pankow Rathaus | **Öffnungszeiten** Mo – Fr 9 – 19 Uhr, Sa 9 – 16 Uhr | **Tipp** Freunde der Flora fahren in den etwas versteckten Botanischen Volkspark Pankow (Blankenfelder Chaussee 5, 13159 Berlin).

110__Yva

Hut auf!

Durch die glamourösen Hochzeiten in Europas Hochadel sind sie schwer in Mode, die Fascinators. Das ist dieser delikat kokette Aufhübscher mit Blüten oder Federn, den sich die Damenwelt schräg überm Ohr ins Frisürchen klemmt. Unsereins braucht eher eine alltagstaugliche Kopfbedeckung, die man auch mal in der Tasche verstauen kann. Yva ist für all dies die richtige Adresse. Der Name erinnert an die in den 1920er Jahren gefeierte Mode- und Aktfotografin und Lehrmeisterin Helmut Newtons: Else Neuländer-Simon, genannt Yva.

Die Modistenmeisterin Katharina Sigwart macht seit 20 Jahren Hüte. Ihr Look ist weder das aufgerüttelte Nachtlager noch das zerzauste Vogelnest oder gar der Tumult auf dem Kopf. Ihr Anspruch heißt: einen selbstverständlichen Lebensbegleiter mit dem gewissen Etwas zu kreieren, der seinen Träger schmückt. In bester Verarbeitung und aus ausgesuchten Materialien.

Manche Kundin entdeckte über ihre Kappen aus weicher Merino und flaumigem Kaschmir, die auf zehn Weisen getragen werden können, die charmanten Möglichkeiten einer Kopfbedeckung. Aus samtigen Haarfilzen, geflochtenem Stroh, Stoffen, Federn und Bändern baut Sigwart elegante Couture-Skulpturen, schmale Zwanzigerjahre-Reminiszenzen, freche Schiebermützen und Breitkrempiges mit allerlei Bohei. Wer aus einer Hut-Form mehr als 50 Varianten gestalten kann, beherrscht sein Handwerk und kann nun ausschreiten zu neuen Ufern und futuristischen Formen. Wie sieht eine Kopfbedeckung gut aus, unter der ein Kopfhörer Platz finden muss?

Ihren Laden übersieht man leicht, so klein ist er, Schaufenster gibt's nicht. Die dunklen Ahornregale, das Stäbchen-Parkett und das braun abgestufte Streifendessin an den Wänden machen aus dem Laden eine Art Schmuckschatulle. Yoko Ono verließ Yva mit 19 Hüten, Reich-Ranicki und Harvey Keitel gingen auch nicht ohne Einkauf raus. Understatement ist auch eine Form von Selbstbewusstsein.

Adresse Bleibtreustraße 20, 10623 Berlin (Charlottenburg), Tel. 030/28384595, www.yva.de, mail@yva.de | **ÖPNV** S 5, 7, 75, Haltestelle Savignyplatz, Bus 109, 110, M 19, M 29, Haltestelle Bleibtreustraße | **Öffnungszeiten** Mo–Fr 11–19 Uhr, Sa 10–18 Uhr | **Tipp** Das »Ascot« Berlins sind die Renntage auf der traditionsreichen Galopp-Rennbahn in Hoppegarten.

111 Zauberkönig

Hokuspokus am Friedhof

»Als Kind habe ich es geliebt, wenn mein Opa gezaubert hat«, sagt Karen Goetzke, Jahrgang 1986, eine der zwei Geschäftsführerinnen des Ladens Zauberkönig. Die jungen Frauen haben das Fachgeschäft für Scherzartikel, Kostüme und Zauberkästen im Mai 2012 übernommen. Für Karen Goetzke ist es der Einstieg in ein Familienunternehmen, denn der erwähnte Großvater hat das Geschäft von 1978 bis 1995 geleitet.

Den Traditionsladen soll es bereits seit 1884 geben. Lange war der Hauslieferant des berühmten Varietés Wintergarten in der Friedrichstraße ansässig, 1952 zog er nach Neukölln und baute in die Mauer des Jerusalem-Friedhofes hinein. Der skurrile Standort ist nicht die einzige Besonderheit. Für viele Begleiter minderjähriger Zauberkünstler ist der Besuch dieses Ladens optisch eine Reise in die Vergangenheit: Glasvitrinen setzen direkt auf dem Tresen auf, kleine Plastikschildchen geben Auskunft über die Preise. Hier und in deckenhohen Regalen lagern über 1.000 Artikel: Juckpulver und Chinakracher, Narbensets und Stinkbomben. Sehr beliebt ist »diverse Scheiße« in verschiedensten Größen ab 1,50 Euro – wir befinden uns in einem Arbeiterbezirk, hier wird nicht um den heißen Brei herumgeredet. Neben dem Scherzartikelverkauf ist der Zauberkönig ein Fachhandel: Große und kleine Magier decken hier ihren Haushaltsbedarf. Romantiker entscheiden sich eher für Nachdrucke historischer Masken oder für Vogelpfeifen aus Ton. Außerdem verleiht und verkauft das Geschäft Kostüme.

Als Karen zusammen mit Kirsi Hinze die Zauberkönig-Nachfolge antrat, hatte sie gerade ihr Studium der Kulturwissenschaft beendet. Ihr Opa, Jahrgang 1930, führt samstags im Laden gerne seine Kunststücke vor. Karen muss sich darin noch üben; der alte Herr soll, so ist zu vernehmen, mit ihrem Talent zufrieden sein. Er wird ein guter Zauberer sein, aber eine Nachfolgerin zaubert selbst er nicht mal eben so aus dem Hut.

Adresse Hermannstraße 84–90, 12051 Berlin (Neukölln), Tel. 030/4920575, www.zauberkoenig-berlin.de, info@zauberkoenig-berlin.de | **ÖPNV** U 8, Bus 344, Haltestelle Leinestraße, S 41, 42, 45, 46, 47, Haltestelle Hermannstraße | **Öffnungszeiten** Di–Sa 11–19 Uhr | **Tipp** Die Tempelhofer Freiheit liegt in der Nähe. Hier weitet sich der Horizont auch ohne jeden Hokuspokus (den Mythos Tempelhof erleben bei Führungen im denkmalgeschützten Flughafen: www.tempelhoferfreiheit.de).

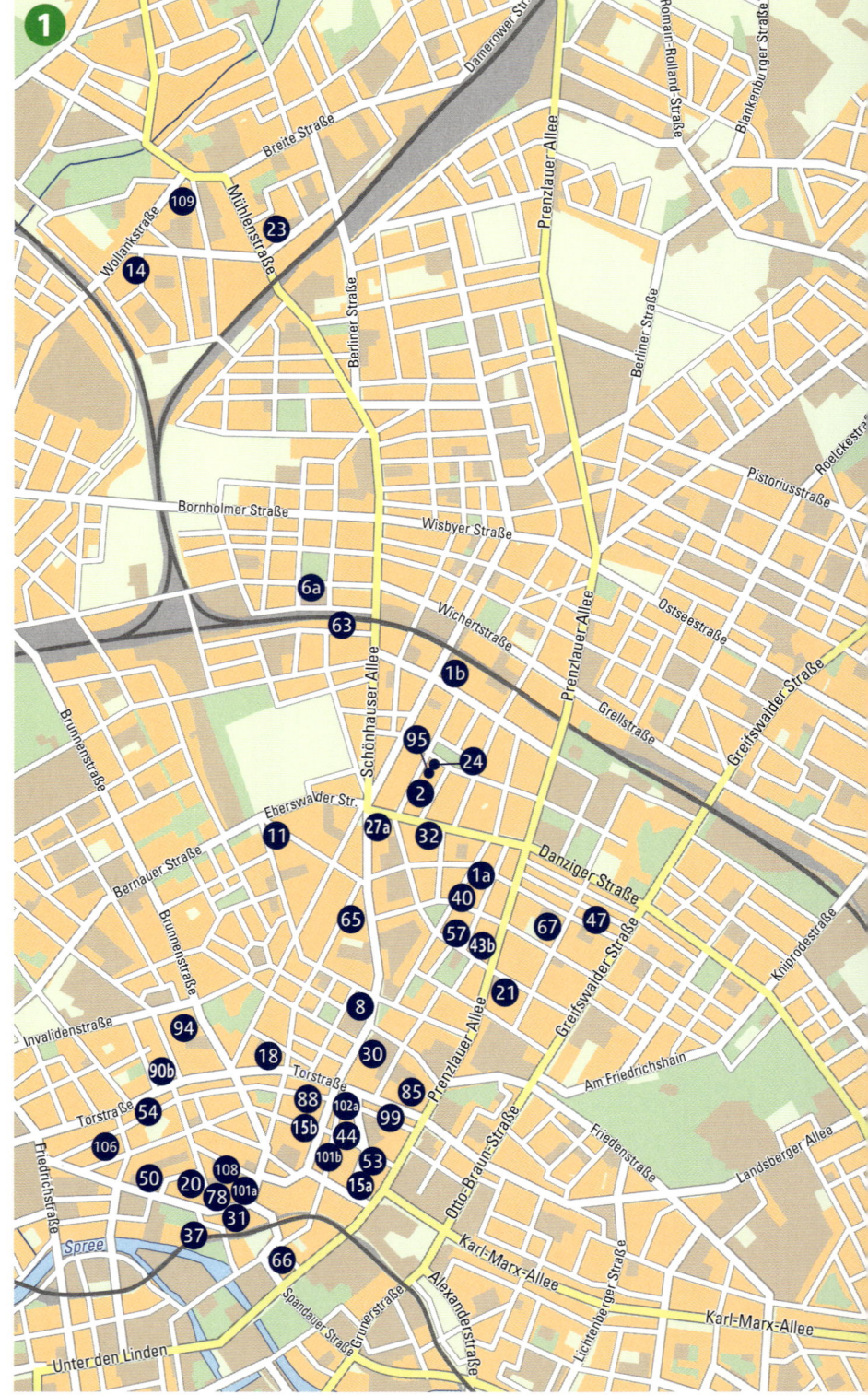

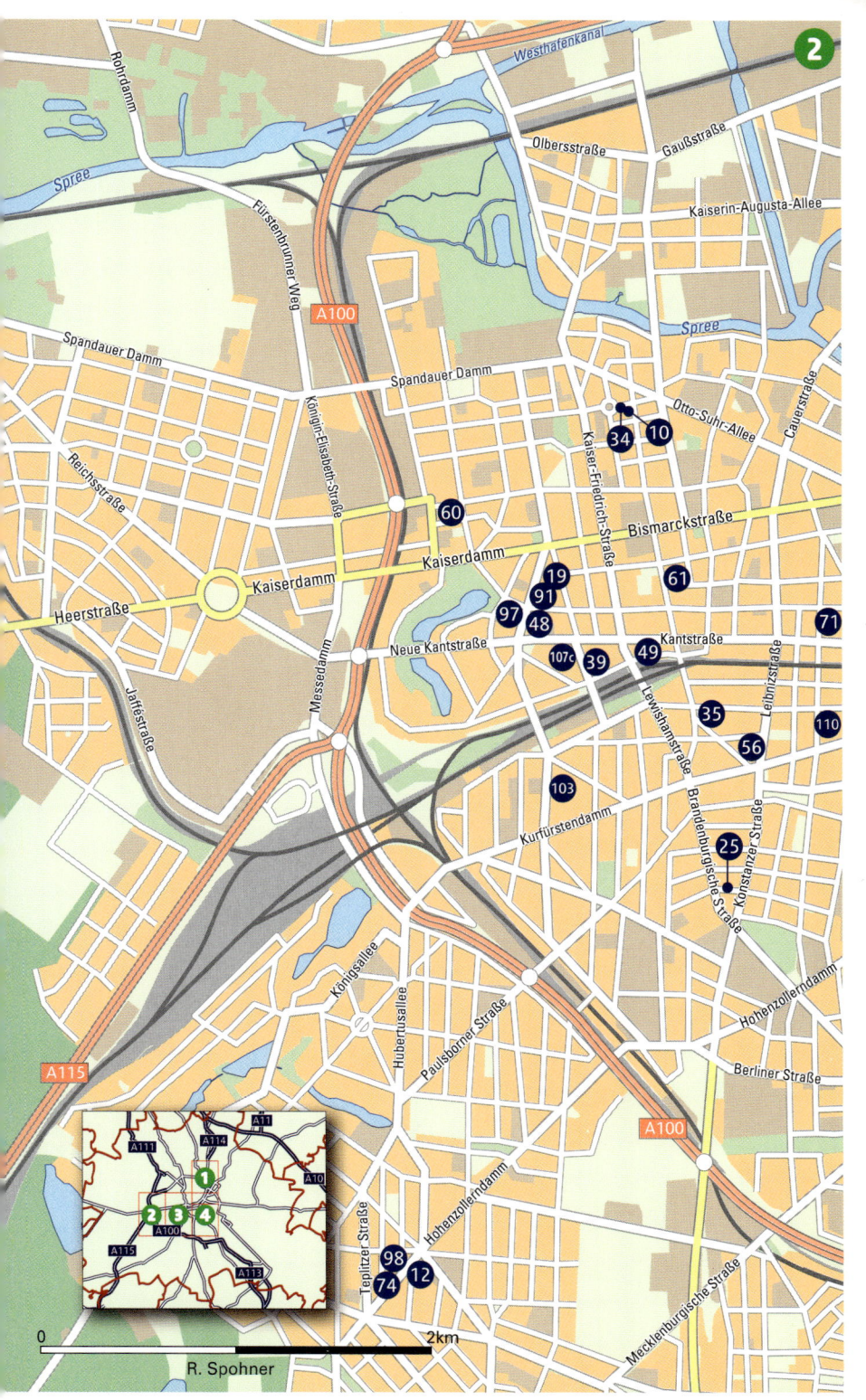

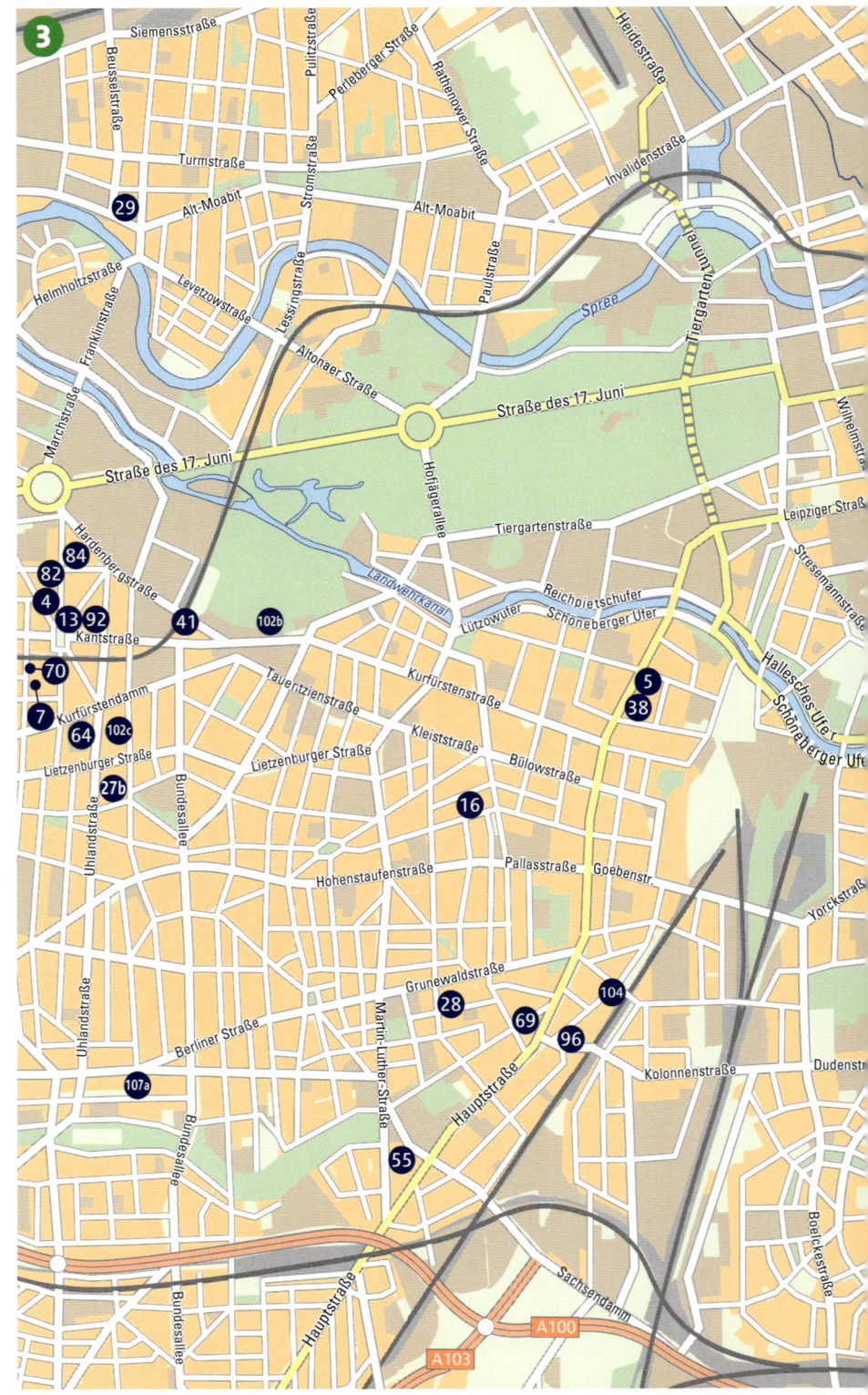

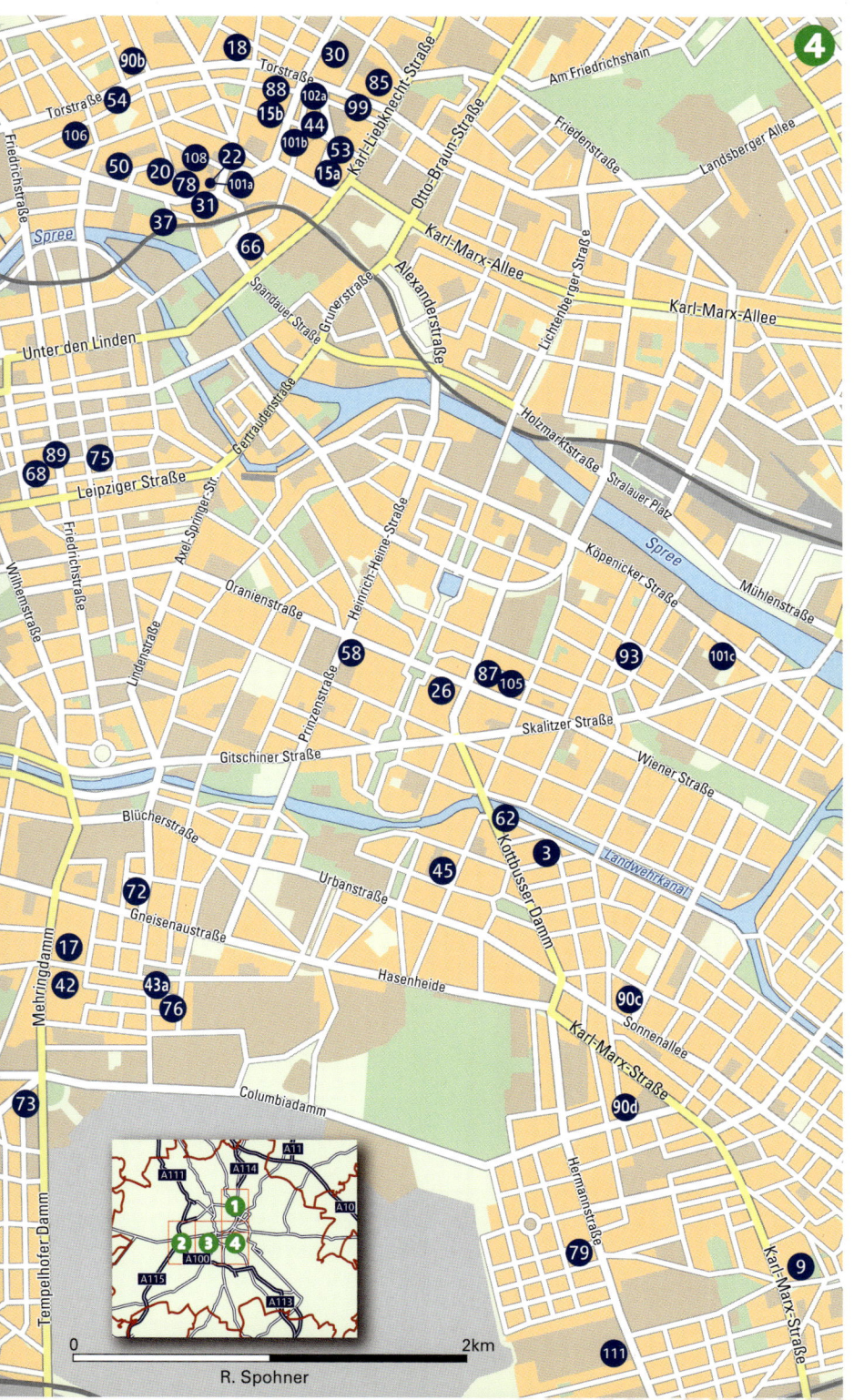

Alexandra Brücher-Huberova
**111 GESCHÄFTE IN MÜNCHEN,
DIE MAN ERLEBT HABEN MUSS**
ISBN 978-3-95451-204-1

Paul Klein
**111 GESCHÄFTE IN HAMBURG,
DIE MAN ERLEBT HABEN MUSS**
ISBN 978-3-95451-218-8

Nicoletta Cascio, Brigitte Cordes
**111 GESCHÄFTE IN ROM, DIE MAN
ERLEBT HABEN MUSS**
ISBN 978-3-95451-317-8